Mille chemins vers le zen

Sommaire

Introduction

Le zen est un chemin vers la plénitude spirituelle. Pour suivre ce chemin, il vous faut pouvoir faire deux choses : vous asseoir et respirer. Est-ce difficile ? Avez-vous besoin d'être bouddhiste pour pratiquer le zen ? Non. Le zen et le bouddhisme ne sont pas mari et femme, seulement cousins. Chrétien, juif, musulman ou athée, chacun peut étudier le zen sans que ses convictions en soient affectées. Trois choses vous viendront en aide sur ce chemin : une foi inébranlable – il ne s'agit pas ici de la foi au sens chrétien du terme, mais simplement de la conviction profonde que la voie du zen vous conduira à

l'illumination ; une grande incertitude – préparez-vous à considérer que rien n'est jamais acquis, vous devrez vous-même examiner les choses avec discernement ; et beaucoup de persévérance – en aucun cas le zen ne vous procurera une illumination instantanée, il requiert des années d'effort constant.
Empruntez le chemin et voyagez dans le bonheur !
Ce livre contient quelques termes qui ne vous sont peut-être pas familiers. Voici donc quelques mots d'explication pour vous aider en route : Satori est l'état d'illumination. Za-zen est la méditation zen. Un Bodhisattva est une personne ayant atteint l'illumination qui, plutôt que d'entrer au Nirvana, reste ici-bas pour aider les autres dans leur cheminement.
Vous verrez qu'il est parfois fait mention des Quatre Nobles Vérités, de l'Octuple sentier, et des Préceptes. Ensemble, ils constituent les règles de conduite bouddhistes et équivalent, de loin, aux Dix Commandements.

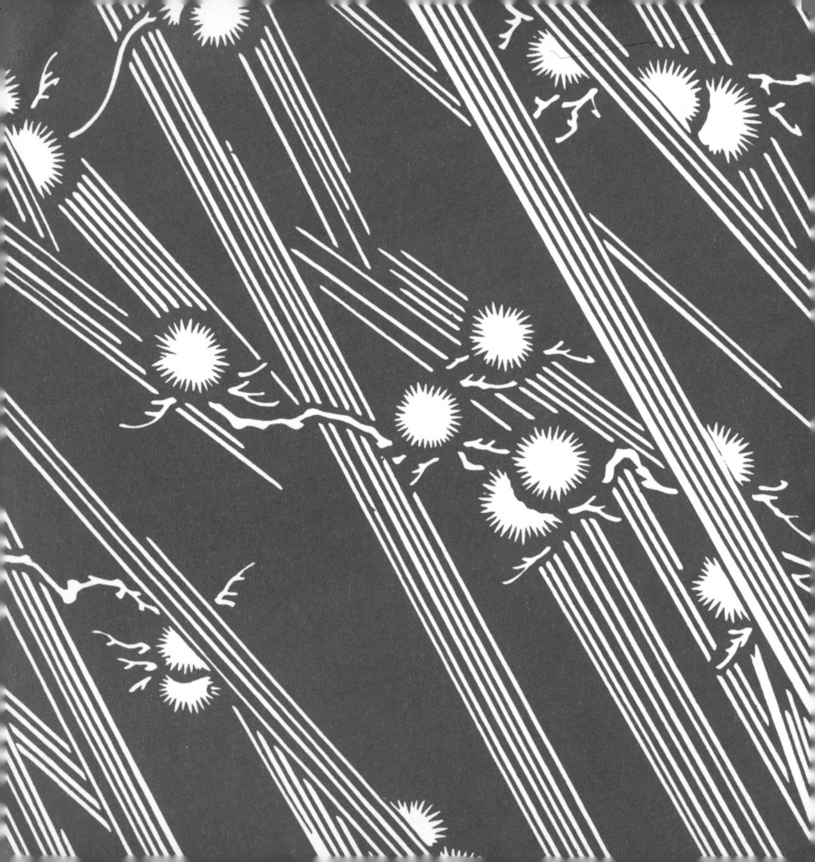

Semons les graines

Si vous pensez avoir trouvé la voie du zen, soyez assuré que vous allez dans la mauvaise direction.

Il n'y a rien de magique dans le zen. Il est là, devant vos yeux, en ce moment même.

Débarrassez-vous de vos opinions, préjugés et théories, jusqu'à ce qu'il n'en reste rien. Ensuite, débarrassez-vous de ce rien.

L'étude du zen demande une attention constante et inébranlable.

Si vous partez à la recherche du zen, alors il viendra à vous.

Commencez le voyage, et dix mille bodhisattvas s'empresseront de guider vos pas.

Si vous désirez trouver Bouddha, alors le bouddhisme est un obstacle qu'il vous faudra surmonter.

Les choses de l'esprit sont étranges – tout d'abord, l'esprit n'a pas d'enveloppe.

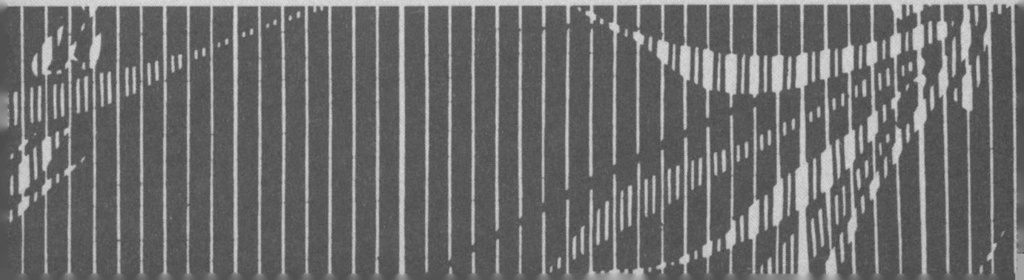

Vous ne comprendrez jamais le zen comme vous pouvez comprendre l'algèbre ; peut-être le percevrez-vous comme vous percevez la respiration.

Le Nirvana diffère du Paradis : vous ne pouvez pas vous y rendre, mais seulement prendre conscience que vous y êtes déjà.

Résistez à la tentation de prendre le monde à bras-le-corps et de le secouer. À la place, secouez-vous.

Dans le zen, il n'y a pas de mauvais jours. Tous les jours sont de bons jours.

Le zen n'est pas un pansement. On ne peut pas se contenter de l'appliquer en cas d'urgence. Si vous désirer bénéficier de ce qu'il a à offrir, vous devez vous mettre au travail dès à présent.

Votre entendement est semblable à une prune. Lorsqu'il sera mûr, il quittera l'arbre de lui-même.

Le zen est pareil à la foudre. Nul ne peut dire où il va s'abattre. Mais si vous cherchez l'illumination, alors mieux vaut grimper au sommet d'un arbre.

Mille chemins vers
le zen

Robert Allen

Albin Michel

Les maîtres ne peuvent que vous ouvrir une porte. Vous devrez la franchir de votre propre élan.

Lorsque vous voyez un doigt pointer vers la lune, si vous êtes sage vous regarderez la lune, pas le doigt.

Avancez en douceur, vivez dans la gentillesse. Cela ne vous mènera pas à la révélation mais vous gardera de l'enlisement.

Le zen n'est pas une religion, c'est une façon de vivre.

Comme la poésie, le zen utilise des mots pour dire ce qu'on ne peut dire.

Les statues de Bouddha sont essentielles. Où pourrait-on trouver d'aussi bons presse-papiers ?

Les maîtres du zen avaient pour habitude de renforcer leurs leçons avec des coups. Si cela vous paraît cruel, pensez aux leçons que la vie vous inculque à grands coups de marteau.

L'habit du moine n'est qu'un uniforme parmi tant d'autres. Ne regardez pas l'uniforme mais celui qui le porte.

Si vous vous êtes cogné l'orteil, ne jurez pas. Ressentez simplement les pulsations du zen dans votre pied.

Comme l'ivrogne qui trébuche sur ses propre pieds, vous trébuchez sur le zen mais continuez sans rien remarquer.

L'honnêteté, la bonté, l'intégrité et la générosité, de même que toutes les autres vertus, sont autant d'atouts. Cependant, elles ne forment pas ce qu'on appelle le zen.

Un élève zen améliorera son caractère et c'est une bonne chose. Mais n'oubliez jamais, même un instant, que le vrai but de votre quête est le zen lui-même.

Le zen véritable n'a pas de nom. Il est au-delà de tous les noms. Ce qui se baptise zen ne l'est pas.

Si vous êtes zen par nature, nul besoin de lutter. Le zen vous attirera tel l'aimant la limaille.

Le monde n’est qu’une idée reçue et personne ne vous saura gré de le remettre en question. Mais c’est l’essence même du zen.

Un arbre tend vers le ciel parce que c’est dans sa nature. L’élève zen tend vers l’illumination parce que c’est dans sa nature.

Si vous pensez être spécial parce que vous étudiez le zen, vous êtes à côté de la plaque. Il n'y a là rien de spécial.

Souriez ! À l'instar de la vie, le zen est bien trop important pour qu'on le prenne au sérieux.

Parmi les anciens maîtres, certains étaient très durs, d'autres avaient le sens de l'humour, d'autres enfin passaient pour fous. La voie du zen n'est pas unique.

Si votre demeure est votre possession la plus prisée, alors elle est votre prison. Elle devrait être une auberge, que vous visitez jour après jour.

Vous commencez par lustrer votre esprit, pour le garder des souillures. Puis vous réalisez que rien ne peut le souiller.

Les bons maîtres sont rares. Plutôt que d'essayer de convenir au maître, assurez-vous que le maître vous convient.

Le zen paraît impossible. Il l'est ! Malgré tout, vous devez y tendre.

Embrasser le zen demande réflexion. Une fois que vous l'aurez adopté, vous ne pourrez plus y renoncer.

On trouve peu de bons maîtres de nos jours. Lorsque vous croisez d'autres gens sur le chemin, aidez-les et laissez-les vous aider.

Vous aurez beau chercher le zen partout dans le monde, vous ne le trouverez qu'ici et maintenant.

Voyez ! Voyez ! Voyez ! Vous ne voyez toujours pas ? Il est là, juste sous votre nez.

Laissez tous ceux que vous rencontrez vous enseigner. Nul n'existe qui n'ait quelque chose à vous offrir.

Fuyez ceux qui cherchent à vous tirer vers le bas. Ils détestent ceux qui refusent de rouler dans la boue avec eux.

Utilisez toutes les saloperies de ce monde pour fertiliser vos fleurs.

Vous ne croyez pas au zen ? Si vous ne croyiez pas à la gravité, peut-être pourriez-vous voler ?

Le zen ne s'inscrit pas dans un plan de carrière. Il ne vous apportera ni pouvoir ni prestige.

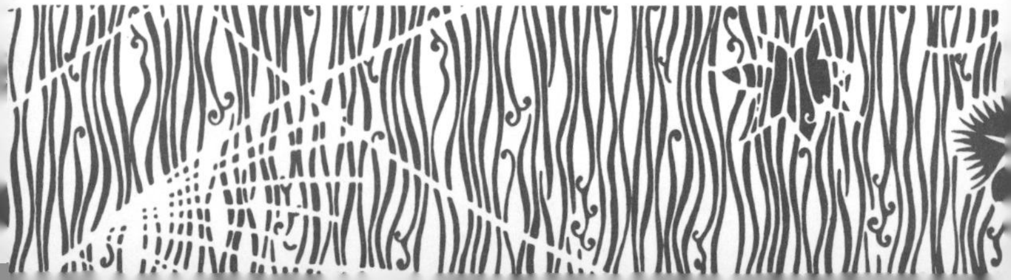

Ceux qui pensent avoir la tête trop dure pour de telles inepties ont en fait l'esprit trop faible pour pouvoir y accéder.

Le but est atteint avant même le premier pas.

Mumon

Dans la vie, on est de plus en plus affairé à mesure que le temps passe. Dans le zen, on en fait de moins en moins. On finit par ne plus rien faire, et il n'y a plus rien qui n'ait été fait.

Comme la rivière va à la mer, tous les êtres sont attirés vers le zen. Certains ne le nommeront pas ainsi, ou ne sauront même pas où ils vont, mais l'appel n'en est pas moins irrésistible.

Le jour où vous direz : « Enfin je comprends le zen ! », alors vous aurez de sérieux ennuis.

Par leur foi, certains déplacent des montagnes. Le zen les laisse là où elles sont. Il ne nous appartient pas de ré-agencer le monde.

Les hommes se sont mis en tête de changer le monde. Les fous ! Changez-vous vous-même et le monde changera de lui-même.

Lorsque vous méditez, si cela vous démange grattez-vous, si vous éternuez mouchez-vous : cela aussi fait partie du zen.

L'encens parfume la pièce, mais il ne sera que puanteur si vous le croyez vraiment sacré.

Tuniques et clochettes sont parfaites si vous aimez vous déguiser. Elles n'ont rien à voir avec le zen.

Il y a plus de statues de Bouddha que de n'importe quel autre homme ayant vécu. Chacune est un obstacle à votre progression.

Dès lors que vous aurez emprunté la voie du zen, même si vous y renoncez, il ne renoncera jamais à vous.

Imaginez que vous parlez couramment une langue étrangère, mais que vous en perdez un peu chaque jour. Jour après jour, vous désapprenez ce que vous saviez. Être zen, c'est désapprendre ainsi.

Les fleurs s'épanouissent sans rien savoir de l'horticulture. Le zen s'épanouit sans rien savoir de la philosophie.

Tel le chêne
majestueux,
votre esprit
zen grandit
lentement et
sûrement.

Ne vous tracassez pas au sujet du zen.

Ne perdez pas votre temps à vous interroger sur ce que vous devriez faire.

Méditez et laissez le zen grandir en vous (malgré vous).

Si vous n'arrivez pas à discerner le zen, c'est parce que vous le regardez de trop près.

On croit le zen compliqué et déroutant, à tort. C'est ce qu'en fait notre esprit, qui n'est pas habitué à une telle simplicité.

Si votre esprit est empli de désirs inassouvis, jamais vous ne comprendrez.

Tel l’homme qui se noie, nous nous raccrochons tous à des semblants d’espoir. Le zen est une leçon de natation.

Le zen est simple et non sophistiqué. Les complications ne servent qu’à vous détourner de la vérité.

Une jeune mère se plaignait à son maître que son bébé ne lui laissait plus assez de temps pour méditer.
« C'est méditer que de s'occuper d'un bébé », lui répondit-il.

Je me tiens là, et ne puis rien faire d'autre. Aidez-moi, Seigneur. Amen.

Martin Luther

En voilà un qui avait une petite idée du zen.

De même que l'ascension d'une montagne, le zen requiert un grand effort. Vous finirez par comprendre que la montagne n'est qu'un aspect de vous-même.

Ne passez pas votre temps à penser à Dieu. Cela donne mal à la tête et vous éloignera du chemin.

Faire le mal revient à se rouler dans la fange. Dès que l'on s'arrête, il devient possible de se nettoyer.

D'après le zen, non seulement tous seront sauvés, mais même l'herbe et les pierres connaîtront l'illumination.

Les gens demandent : « À quoi sert une religion comme le bouddhisme si elle n'a ni dieu ni paradis ? » Le zen demande : « Quelle est la couleur du vent ? »

Faites le bien, du moment que vous n'attendez aucun bienfait en retour.

Pour une fois taisez-vous et écoutez le silence.

Il n'y a aucun problème avec la religion tant qu'elle ne fait pas obstacle à Dieu.

Le zen apprend-t-il à croire en Dieu ? Oui. Non. Pas de réponse. Peu importe.

Essayer de saisir le zen, c'est comme s'efforcer de se détendre. Il faut le laisser venir tout seul.

La moralité est ce que les religions enseignent lorsqu'elles se sont détournées de l'essentiel.

La littérature zen est comme la littérature gastronomique : instructive et plaisante, mais elle ne nourrit pas son homme.

Je déteste quand on me demande : « Qu'est-ce que le zen ? » C'est comme si un poisson demandait : « Qu'est-ce que l'eau ? »

Dans un monde de « faits » et de certitudes, le zen nous offre le luxe du trouble absolu.

Nul besoin de se comporter en Japonais pour être zen. Peu importe que vous veniez de Pétaouchnok ou de Trifouillis-les-Oies.

Le zen est comme le chemin que l'on emprunte dans le brouillard pour rentrer chez soi. Vous *connaissez* le chemin même si vous avez du mal à le trouver.

Vous avez déjà atteint l'illumination. Il ne vous reste plus qu'à en prendre conscience.

Pour avoir une compréhension intime, il faudrait pouvoir voir le son.

Mumon

Un élève dit à son maître : « Il est un recoin de mon esprit où règnent toujours le calme et la sérénité. » « Vite ! cria le maître, tu dois t'en débarrasser ! »

Il est un proverbe zen qui dit : « Miette de temps, joyau de taille. » Bien sûr, ne rien faire est une bonne façon d'user de votre temps.

Pour les bouddhistes, comme pour bien d'autres, l'information, l'étude et la glose sont sans fin. Pourtant, rien de tout cela ne vous rapportera la plus petite poussière de zen.

Trop vieux pour vous mettre au zen ? Le maître Joshu commença à soixante ans, atteignit l'illumination à quatre-vingts, et enseigna par la suite encore de longues années.

Quels étaient vos traits avant la naissance de vos parents ?

koan

Qu'est-ce que le zen ? C'est vendre de l'eau sur la berge d'une rivière.

Si pour vous l'illumination est une sorte de prix que vous pourriez remporter, vous ne l'atteindrez jamais.

Joshu demanda :
«Quelle est la voie ? »
Nansen lui répondit :
« La vie quotidienne
est le chemin. »
« Peut-on l'étudier ? »
demanda Joshu.
« Si tu l'étudies, la
vérité te restera
voilée », fut la
réponse.

Imaginez que vous avez un vieux caillou, dont vous vous servez comme presse-papier. Un jour, vous le laissez tomber et, en contemplant les dégâts, vous apercevez l'éclat de l'or. Soudain, votre vieux caillou familier n'est plus le même à vos yeux. Il en ira de même pour votre vie quand vous aurez trouvé l'illumination.

Tout comme le patriarche Daruma, vous pouvez méditer jusqu'à en perdre vos jambes, mais si vous n'avez pas la bonne perception, cela ne vous servira à rien.

Les hommes recherchent la complexité dans le zen, car ils n'en voient pas la simplicité.

Lorsqu'une personne se dit : « Je suis quelqu'un de bien », cette idée fait obstacle à cette réalité.

Le zen qui vous rend malheureux n'est pas le zen. Le bouddhisme qui fait de vous un moralisateur suffisant n'est pas du bouddhisme. Douce et facile est la voie.

La vie et la mort ne sont pas opposées – elles sont les deux faces d'une pièce inexistante.

Certains pensent qu'ils trouveront le zen dans des lieux sauvages et reculés. Mais la seule trace de zen qu'ils y trouveront sera celle qu'ils auront emportée avec eux.

Il est probablement plus facile de trouver l'essence de la musique dans le ventre d'un luth qu'une âme dans le corps d'un homme.

Qu'il est curieux de voir les aspirants bouddhistes, avides d'enseignement, courir le monde pour le trouver, et passer à côté quand il est sous leur nez.

Ceux qui palabrent ne savent rien. Ceux qui savent gardent le silence.

Vivant,
devenez mort,
alors vous
agirez selon
votre volonté.
Tout est bien.

Bunan

Nul ne possède le zen. Il va là où bon lui semble.

Prêtez attention à votre respiration. N'est-il pas étrange qu'une chose si ordinaire puisse mener au zen ?

Qui se trouve derrière l'œil qui voit ? Derrière l'esprit qui pense ?

Le maître demanda : « Qui te retient ? » L'élève répondit : « Personne. » Le maître répliqua : « Alors pourquoi cherches-tu la libération ? »

Tous ces maîtres, empressés de vous égarer !

Il paraît que la mémoire du poisson rouge n'excède pas trois secondes, mais au moins, il n'oublie pas qui il est.

Vous devez aspirer au zen autant que celui à qui on maintient la tête sous l'eau cherche l'air.

Autrefois j'aimais les temples bouddhistes car ils étaient saints. À présent, ils me sont chers car ils n'ont pour moi plus rien de saint.

Premières pousses

Que votre vie soit zen ; mais ne lui dédiez pas toute votre vie.

Si vous ne comprenez pas ce que l'on vous dit sur le zen, ne vous inquiétez pas. Un jour vous direz : « Ah, c'est donc *ça* qu'ils voulaient dire !... »

Ne perdez pas de temps à apprendre la position du lotus. Le zen n'est pas affaire de courbatures.

Un drapeau flotte au vent. Qu'est-ce qui est en mouvement, le drapeau ou bien le vent ? L'esprit est en mouvement.

Ces intérieurs minimalistes japonais que nous admirons tant nous apprennent beaucoup sur l'esthétique japonaise, mais rien sur le zen.

Tomber sept fois, se relever huit.

Le zen n'est pas une course à l'illumination.

Proférer ne serait-ce que le nom de Bouddha, c'est comme se faire traîner, tout trempé, dans la boue. Prononcer ne serait-ce le mot zen, c'est le pire des embarras.

Le Recueil de la falaise verte

Trois choses sont essentielles : une grande incertitude, une foi inébranlable, et une persévérance à toute épreuve.

Laissez-vous imbiber de zen, tout comme une bruine dense trempe vos vêtements.

Si vous marchez, contentez-vous de marcher. Si vous êtes assis, concentrez-vous là-dessus. Surtout, ne vacillez pas.

Yun-men

On ne se baigne pas deux fois dans le même fleuve, pas plus que vous ne sauriez plonger *vous-même* deux fois dans la même rivière.

Jack Cohen

La philosophie ne fait que discourir sur la vie. Le zen *est* la vie.

Pourquoi la réclusion est-elle le pire des châtiments ? Pourquoi les gens ont-ils si peur d'être confrontés à eux-mêmes ?

Vous avez lâché ce livre ? Trop tard, le zen est sur vos doigts !

Si vous étudiez le zen, attendez-vous à être incompris.

Si on pouvait mettre le zen en bouteilles, il ne se vendrait pas. Cela aurait le goût de l'eau pure et l'odeur de l'air frais.

Votre nom n'est qu'une étiquette derrière laquelle vous vous retranchez. Qui êtes-vous réellement ?

Si vous ne trouvez pas la vérité là où vous êtes, où pensez-vous pouvoir la trouver ?

Dogen Zenji

La main est-elle corps ou esprit ?

Lorsque quelqu'un fait une remarque idiote et légère et que son ami lui répond : « C'est très zen » – non, ça ne l'est pas.

Un élève a dit : « J'aimerais atteindre l'illumination pendant que je suis encore assez jeune pour en profiter. » Quel abruti !

Que vienne le printemps, et l'herbe repousse d'elle-même.

proverbe zen

L'esprit est comme l'eau. Débattez-vous et vous ferez remonter la vase. Laissez-la se redéposer.

Essayez d'être zen et vous échouerez ; mais si vous n'essayez pas, jamais vous n'y parviendrez.

Chacun sait qu'à vol d'oiseau la distance est moindre. Alors pourquoi tous ces détours ?

Miracles de la force et
de l'action, que de
tirer de l'eau et couper
du bois.

P'ang-yun

Bouddha ne disait mot.

Un pot est creux, pourtant,
ce vide est l'essence même
du pot.

Plus loin, toujours plus loin, pleinement, parfaitement : l'Eveil… Oui !

Sutra du Cœur

Votre nature est fondamentalement propre et pure.

Une fille traverse la rue. Est-elle l'aînée ou la cadette ?

koan

Certains voient le zen comme une sorte de jeu de société où il suffit de dire le premier truc qui vous passe par la tête. Ce n'est pas ça du tout.

Le zen est le portail sans porte.

Manger, boire,
se lever ; telle
est notre vie.
Après, il nous
suffit de mourir.

poème zen

C'est comprendre tout ce qui n'est pas zen qui prend du temps, et non pas comprendre le zen.

Pourquoi recherchez-vous le zen ? Si vous croyez le savoir, alors vous l'ignorez.

La condition d'homme peut vous amener à voler le bœuf du fermier ou à dérober leur nourriture aux affamés.

Yuan-wu

« Il m'a battu, elle m'a trompé, ils se sont moqués de moi. » Si c'est là votre façon de penser, vous ne comprendrez jamais.

Tout se ressemble,
et tout diffère.

proverbe zen

La distinction mâle et femelle n’existe pas. Dans leur nature profonde, tout esprit est semblable à l’autre.

Le zen se bonifie
avec l’âge.

Le chien qui court après sa queue n'est pas plus bête que l'homme qui cherche l'illumination.

Le bonheur réside dans l'état d'esprit.

Si vous désirez ardemment la paix, préparez-vous à vous battre.

Hakuin

Le zen est un voyage. Vous en êtes la destination.

Quoi qu'on en dise, la méditation n'est pas une habitude comme celle de se laver les dents. Il faut le vouloir.

C'est la
qualité de la
méditation
qui compte,
non sa
quantité.

Tout comme le phénix, le zen renaît de ses cendres.

Ne vous laissez pas distraire de votre méditation. Les distractions font la méditation.

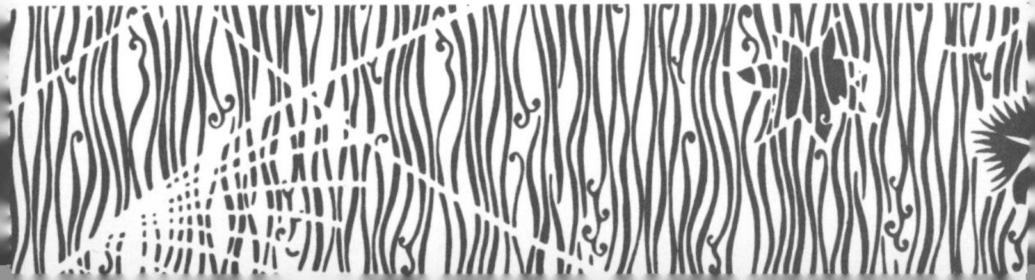

Si vous servez, faites-le bien. Si vous vous battez, faites-le pour tuer.

Jinzu

Aucun chemin ne mène au zen. Comment pourrait-il vous mener là où vous vous trouvez déjà ?

Les moines zen méditent en gardant les yeux entrouverts car l'objet de leur méditation est juste devant eux.

Il y a tant de choses dont je peux me passer !

Socrate

« Qu'est-ce que Bouddha? » demanda un moine.
« De la merde séchée », répondit Ummon.

Vous voyez un grand rocher. Existe-t-il dans votre esprit, ou en dehors ?

question zen

L'empereur demanda à Daruma :
« Quel est le principe fondateur du zen ? »
« Un vide immense et rien de divin » fut la réponse.

Recouvrez vos
pas d'aiguilles
de pin afin que
personne se
sache où vous
habitez.

Ikkyu

L'apprentissage du zen relève à la fois de l'or et de la merde. Tant que vous ne l'avez pas compris, c'est de l'or. Après, c'est de la merde.

Les gens évoquent la quiétude du zen. Si seulement ils savaient ce que cette quiétude a coûté !

Une seule lampe suffit à chasser dix mille ans de ténèbres. De même, un seul éclair de sagesse parvient à supprimer dix mille ans d'ignorance.

Hui-Neng

Si votre zen vous paraît tel un mur aveugle, bloquant une allée étroite, ne laissez pas tomber – trouvez le Sésame !

L'obstacle est le chemin.

proverbe zen

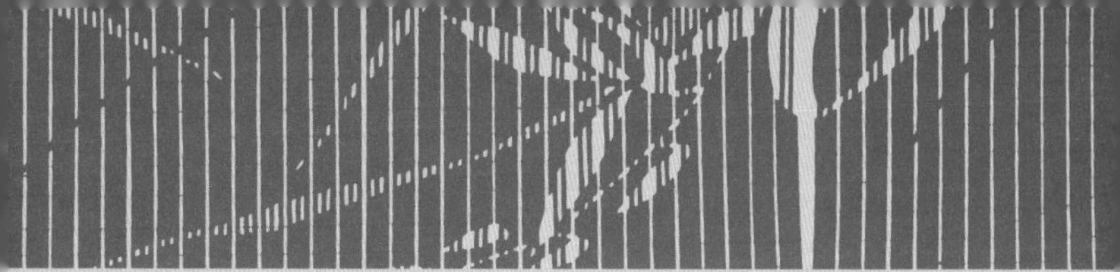

Un moine, après s'être débattu en vain pendant des années, finit par renoncer, et décida de consacrer le restant de ses jours au service de frères plus doués. Aussitôt, il connut l'illumination.

Si vous comprenez, les choses sont ce qu'elles sont. Si vous ne comprenez pas, les choses ce qu'elles sont.

proverbe zen

Vous imaginez-vous que je m'adresse à vous depuis l'autre rive ? Pas du tout.

La lame d'un couteau ne peut se blesser elle-même, le bout d'un doigt ne peut se toucher lui-même. De même, la pensée ne peut se percevoir elle-même.

Le poète zen Seiken-Chiju fit un pèlerinage de vingt ans, pour se rendre compte qu'il n'avait pas bougé d'un pouce.

Le monde est un miroir. La preuve ? Souris, et tes amis te sourient.

proverbe zen

Atteindre le Nirvana ne revient pas à se débarrasser de ses passions. Les observer avec détachement, voilà le Nirvana

proverbe zen

En réalité, les voyageurs sont immobiles.

La sagesse du monde n'est rien d'autre qu'une forme de bêtise sophistiquée.

L'univers se livre tout entier à l'esprit qui est en paix.

Tchouang-Tseu

Si tu crois en Dieu, tu es dans l'erreur. Si tu ne crois pas en Dieu, tu es dans l'erreur. Les agnostiques, cela va sans dire, sont dans l'erreur. Alors, croyez-vous en Dieu ?

Les gens trouvent le zen plein de contradictions. Eh bien, pas du tout !

Ne recherchez pas la vérité, mais cessez d'entretenir vos opinions.

proverbe zen

Vous connaissez cette image dans laquelle on peut voir deux visages ou bien un vase ? Très zen.

On régit le monde en laissant faire les choses.

Lao-Tseu

Un jour, vous vous direz :
« Je commence à comprendre. »
Redoutez ce jour.

Quel son fait une main qui applaudit ?
koan

Ne cherchez pas à marcher dans les pas d'autrui, cherchez plutôt ce qu'il cherchait.

Un homme qui cherche vengeance devrait commencer par creuser deux tombes.

La fleur se fane, en dépit de l'amour que nous lui portons. Le chiendent s'épanouit, même si nous ne l'aimons pas.

Dogen Zenji

Les montagnes furent tout d'abord pour moi montagnes et les rivières, rivières. Puis j'ai vu que les choses ne sont pas ce qu'elles semblent être. À présent, j'ai trouvé l'essence du zen et les montagnes sont à nouveau des montagnes, les rivières des rivières.

Tching-yuan

Domptez les chevaux sauvages de votre imagination.

proverbe zen

Jusqu'où irez-vous avant d'admettre que vous avancez dans la mauvaise direction ?

Le zen distille l'infime.

Pourquoi recherchez-vous l'illumination alors que vous possédez déjà votre propre trésor ?

Baso

Un moine rendait visite à un ami mourant.
« Dois-je te guider ? » demanda-t-il.
« Seul je suis venu et seul je repars », fut la réponse.
« Tu te trompes si tu penses réellement aller et venir. Laisse-moi te montrer le chemin sur lequel nul ne va ni ne vient. »
Le moine sourit et s'éteignit.

Souviens-toi : tu récoltes ce que tu sèmes.

Parfaitement homogène –
chatoyant au toucher.
Pourquoi un tel filet pour
capturer des moineaux ?

Gojusan

La souris qui chaparde des grains de riz dans la grange en sait plus sur le zen que vous-même. Elle, au moins, sait ce qui est bon pour elle.

Prenez garde quand les soi-disant sages s'approchent en clopinant.

Tchouang-Tseu

Lorsque l'homme ordinaire enrichit son savoir, il devient sage. Lorsqu'un homme sage atteint l'illumination, il devient ordinaire.

Faites ce qu'il vous plaira, tant que vous continuez de tendre sans relâche vers l'illumination.

Renoncez à vos souvenirs – le vent frais qui court autour du globe a-t-il une raison d'être ?

Le Recueil de la falaise verte

On n'étudie pas le zen pour parvenir à comprendre, mais pour démontrer qu'il n'y a rien à comprendre.

Tout ce que je sais, c'est que je ne sais rien.

Socrate

Une mauvaise personne souffre d'être mauvaise. Une personne vertueuse souffre d'être bonne.

Cultivons notre jardin

Pendant vingt ans,
j'ai cherché l'Autre.
À présent je lâche
prise et m'échappe.
À quoi bon l'unité de
corps et d'esprit ?
Maintenant, je ne fais
que chanter la la la.

Keso Shogaku

Des millions de Bouddhas jonchent cette terre et tous sont des faux.

Enseigner le zen est aussi difficile que d'enseigner l'art de jongler à un poisson rouge.

« Pendant que je méditais, dit la nouvelle élève, j'ai vu un magnifique oiseau blanc venir se poser sur ma tête. »
« Te laissant ses plumes en guise de cervelle », observa son maître.

Autrefois, on pensait que la pauvreté était la richesse du zen. Mais ce n'est pas le cas. Une fois initiés, même ceux qui vivent dans l'abondance et le confort sentent le zen courir dans leurs veines.

Un élève zen arriva devant une large rivière et, voyant son maître sur l'autre rive, cria : « Maître, comment puis-je atteindre l'autre côté ? » « Imbécile ! répondit le maître, tu es déjà de l'autre côté ! »

Bouddha est en tout être, comme l'eau dans la glace ; sans eau, pas de glace ; sans êtres, pas de Bouddha.

Hakuin

**Plantez une graine,
laissez-la germer,
puis cultivez-la.
Le zen n’est rien
de plus que cela.**

Il est facile d’écrire sans fin sur l’essence du zen. Mais rien n’est plus difficile que de discourir sur ce qu’il n’est pas.

Je demandai à un enfant qui marchait une bougie à la main : « D'où vient la lumière ? » Aussitôt, il l'éteignit. « Dis-moi où elle est partie et je te dirai d'où elle est venue. »

Hassan de Basra

Le bouddhisme est un truc dans lequel le zen a marché.

Raffinez votre vie comme vous fondriez de l'or. Débarrassez-vous des scories : vous verrez alors que les scories et l'or ne font qu'un.

Rien de ce que vous faites, rien, ne peut vous couper du zen. Le pire qui puisse vous arriver est de vous en détourner un moment.

Ne froncez pas les sourcils : le zen est là pour vous aider à aller mieux, pas l'inverse.

Quand vous donnez aux pauvres, vous le faites pour eux, non pour vous.

On ne s'élève pas vers le zen, on s'y laisse glisser.

Pour un élève zen, la vie ne peut exister sans zen, de même que pour la plupart des gens, il ne peut y avoir de vie sans air.

La vie est affaire d'opinion.

Le seul mode d'enseignement valable passe par l'exemple.

Ne ruminez pas vos erreurs passées. Toute fleur a besoin de fumier.

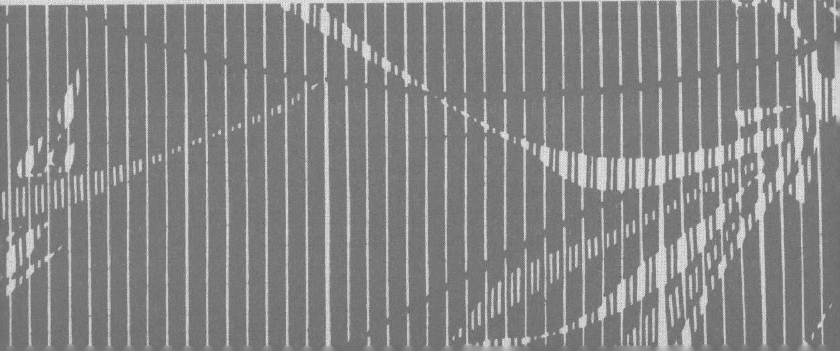

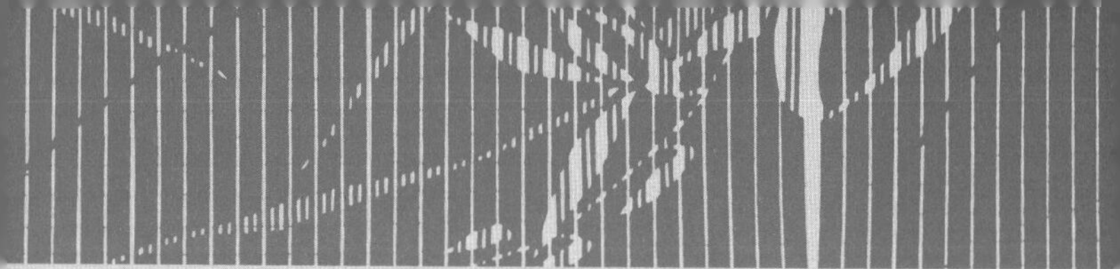

Tant que vous rechercherez l'illumination, vous ne verrez pas que vous l'avez déjà trouvée.

Les maîtres zen frappent souvent leurs élèves. Quand la vie vous donne une bonne claque, inclinez-vous et dites merci.

On qualifie l'initiation de « bonté de grand-mère » : elle est pleine de bonnes intentions mais fait souvent plus de mal que de bien.

Les ignorants essayent de débattre du zen. Les imbéciles ! Comment débattre de son nez ?

Vous pouvez, comme Daruma, contempler un mur pendant des années. Mais si vous ne savez pas pourquoi, cela ne vous apportera absolument rien.

J'ai connu un maître zen si rigoureux qu'il dormait toujours assis. Il est même mort dans cette position. Croyait-il le zen trop faible pour opérer allongé ?

Les défunts font d'excellents maîtres zen.

Simplicité du thé :
Faites bouillir de l'eau,
Puis infuser le thé.
Enfin, buvez avec soin
C'est tout ce qu'il vous faut savoir.

Sen-No-Rikyu

Les gens me demandent : « À quoi ressemble le zen ? » C'est vert.

Un auteur a composé sur un encens qu'il avait nommé « la quintessence du zen. » À l'évidence, il n'avait jamais senti l'odeur de la tomate pourrie.

Une fois que l'on a respiré le zen, il atteint les moindres recoins de votre corps, tout comme l'oxygène.

Quand vous scrutez le fond des abysses, les abysses vous rendent votre regard.

Nietzsche

Les gens parlent de matière et d'esprit. On sait où réside l'esprit, mais la matière ?...

Avez-vous remarqué que les gens qui ne sont pas payés travaillent avec plus d'ardeur et d'enthousiasme que ceux qui le sont ? Le mental est une drôle de chose.

L'opinion, c'est comme un os à l'intérieur d'un œuf.

Qui se raccroche à la vie meurt, qui défie la mort vit.

Uyesugi Kenshin

L’empereur demanda à Daruma ce qu’était le zen. Celui-ci sortit de son habit une flûte, joua une seule note, s’inclina et prit congé.

Le zen n'est pas aussi facile que de tomber d'une bûche. C'est aussi facile que de *ne pas* en tomber.

Si vous êtes en quête d'émotions fortes, mettez le feu à votre pantalon. Le zen n'est pas affaire d'émotions.

Pour certains, le zen est « le Chemin de la Libération, » rien de moins. Mais libérer qui, de quoi ?

Se connaître soi-même est la dernière chose que les gens ont envie de faire.

Dans une église, à moins d'être une femme, vous vous découvrez. Dans une mosquée ou une synagogue vous gardez votre chapeau. Dans un temple bouddhiste vous ôtez vos chaussures. Et dans le zen ? Le ciel est bleu, l'herbe verdoyante.

Atchoum ! Ah, quel grand moment de zen !

Être dans un état de Satori, c'est être avec Dieu avant qu'il n'ait prononcé : « que la lumière soit. »

D.T. Suzuki

Vous en dites plus sur le zen quand vous ne dites rien.

Faire la vaisselle est un excellent exercice zen ; en plus, vous avez de la vaisselle propre.

Quelqu'un, d'un ton moqueur, suggéra que j'enseigne le zen à une équipe de foot pour améliorer leurs performances. Bonne idée ! Les joueurs de foot ont au moins le bon sens de laisser parler leurs pieds.

Dévoré par la vermine
Je dormis dans un lit
Un cheval urinait sans cesse
près de mon oreiller.

Bashô

L'être éveillé n'est pas au-dessus du karma, mais vit en accord avec ce dernier.

Dominez votre esprit, ne vous laissez pas dominer par lui.

Zen saying

Le zen est plus présent dans une tasse de thé que dans toutes les écritures réunies.

Le zen n'est pas la réponse à tous vos problèmes – vos problèmes *sont* le zen

Le zen ne s'adresse pas à tout le monde. Il ne cherche pas à convertir ou à faire des promesses. Si vous pensez que c'est votre voie, très bien. Sinon, trouvez-en une autre.

La raison est un bel outil. Tout comme un marteau. Essayez donc de construire une maison sans rien d'autre qu'un marteau.

Qu'il est étrange qu'il faille tant d'années pour apprendre à s'asseoir sans rien faire.

Tous les fondamentalistes, qu'ils soient théistes ou rationalistes, construisent une prison qu'ils vous invitent à partager.

Ceux qui pratiquent le zen suivent la voie, non pas dans le but de trouver l'éveil ou par peur de la mort, mais parce qu'ils sont ainsi faits et n'ont pas le choix.

Vous pouvez faire tout ce que vous voulez dans votre recherche du zen, mais le zen vous imprègnera comme une teinture colore le tissu.

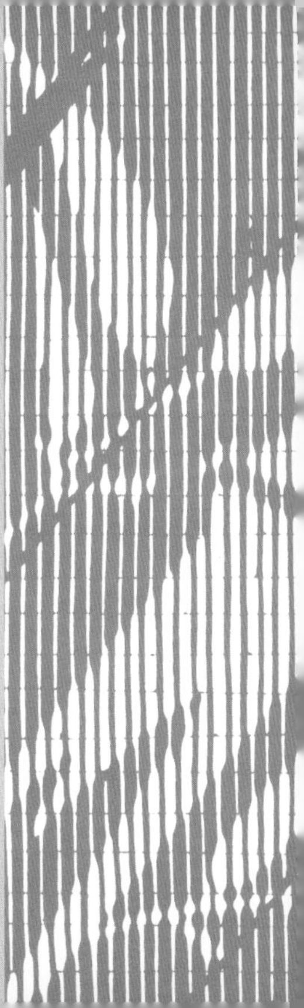

Oh escargot,
Gravis le Mont Fuji,
Mais lentement, lentement !

Issa

L'esprit, de lui-même, s'éclaircira. L'esprit est naturellement clair, et obscurci par l'effort mal dirigé.

Pour certains, le zen est « le mysticisme oriental », alors comment appellent-ils une miche de pain ?

Lorsque vous apprenez à méditer, il n'y a ni vous, ni zen, ni méditation.

Le zen est pareil à l'une de ces épées japonaises. Un fil aussi coupant qu'un rasoir, et le reste guère plus que de la décoration.

Il y a des milliers de paradis et d'enfers. Aucun ne mérite que l'on s'y arrête.

Concentrez-vous sur votre souffle. Voyez son flux et son reflux. Trop facile ? Mais c'est la clef !

Les bons, les mauvais, les sages, les idiots – on réfléchit trop !

Ma fille confectionne des biscuits zen. Je ne le lui ai jamais dit, car si elle le savait, elle n'y parviendrait plus.

Sans éveil, vous ne trouverez pas votre propre salut. Quand vous serez éveillé, vous serez le salut de l'univers entier.

On demanda au maître Joshu si un chien avait la nature du Bouddha. Les bouddhistes croient que toutes les créatures ont le Bouddha en elles, mais Joshu répondit « Non » (Mu). Qu'est-ce que ce Mu ? L'un des koans de base du zen.

Quand vous ne pouvez voir le soleil, doutes-vous pour autant qu'il brille par-delà les nuages ? Le zen est là, que vous en ayez conscience ou non.

Il fut un temps où il fallait écumer l'Extrême-Orient pour trouver le zen. À présent, grâce aux moyens de communication modernes, on peut se le faire livrer.

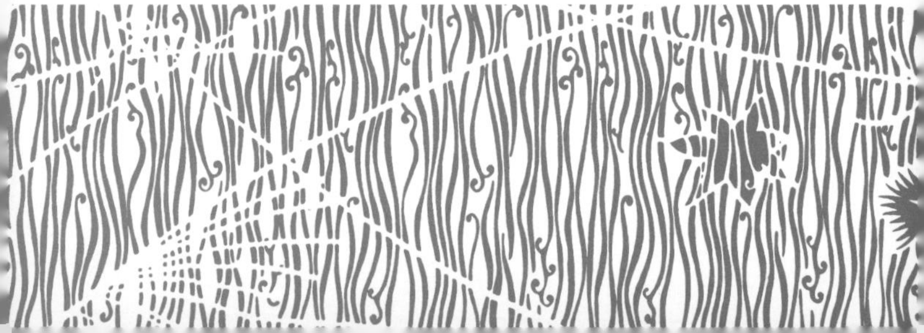

Il est difficile de vivre avec le zen, mais plus difficile encore de s'en passer.

Un élève zen occidental écrivit un jour à ses amis pour leur dire que le cours qu'il suivait avait fermé. Ses membres avaient, semble-t-il, trop à faire.

Le zen, c'est comme nager. Ne vous débattez pas ! Vous êtes conçu pour flotter.

On peut penser, parler, ou lire sur le zen, mais pour progresser il faut le pratiquer.

Il est amusant de savoir des choses tant que l'on ne prend pas son savoir trop au sérieux. C'est quand on pense que ça a réellement de l'importance que les ennuis commencent.

Le zen ne se substitue pas à la pensée, il vient avant.

Le bouddhisme et le zen ne sont pas mariés – seulement cousins.

Chaque jour, quelqu'un demande : « Où est le zen ? » au moment même où il se prend les pieds dedans.

Il n’y a pas de sentier – vous devez piétiner les broussailles par vous-même.

Ceux qui méditent ont souvent peur de ne pas « bien faire ». Persévérez, un jour vous y arriverez.

J’aime le zen parce que ça chatouille.

Les gens demandent :
« Qu'est-ce que
l'illumination ? »
Pour comprendre la
réponse, il faut avoir
compris la question.

Vivre est déjà un
miracle en soi.
Mervyn Peake

Le bouddhisme, comme toutes les grandes religions, cherche à éliminer le mal et à promouvoir le bien. Le zen vise directement la jugulaire.

Les Indiens l'ont transmis aux Chinois, qui l'ont transmis aux Japonais, qui l'ont répandu dans le monde. Ce doit être la seule fois que les Japonais ont résisté à la tentation de miniaturiser quelque chose.

C'est curieux : les gens ont soif de magie et de miracles, puis tournent résolument la tête lorsqu'ils se produisent.

« Comment ça marche, le zen ? » demandent les gens. Ça ne marche pas.

Bouddha tendit une fleur et Maha Kasyapa, l'un de ses disciples, sourit – le premier koan était résolu.

Le maître moderne Shunryu Suzuki a dit que Satori était comme avoir des enfants. Avant de les avoir, cela semble miraculeux, après cela semble juste naturel.

Certains voient le gravier ratissé, lisent quelques haiku, et pensent connaître le zen. S'ils ne peuvent le trouver dans le centre commercial du coin, alors ils n'ont pas la moindre idée de ce qu'il peut bien être.

La méditation fait le même effet que le vin. Vous ne sentez rien, et l'instant d'après vous ne sentez plus vos jambes.

Les gens essayent d'accéder au zen en poussant sur la porte où il est écrit : « Tirez ».

Toutes les religions voilent la vérité car elles ont du mal à l'expliquer. Le zen donne l'impression d'être compliqué car nul ne peut comprendre comme c'est simple.

Lorsque vous méditez, paradis et enfer vacillent jusque dans leurs fondations.

Qu'est-ce qui vous fait courir comme ça ? Voudriez-vous avoir une deuxième tête en plus de la vôtre, pauves sots ? Votre tête est très bien là où elle est. Le problème, c'est que vous ne croyez pas assez en vous-même.

Lin-chi

Le corps et l'esprit lâchèrent prise ; lâchés, le corps et l'esprit ! Chacun devrait faire l'expérience de cet état. C'est comme d'empiler des fruits dans une corbeille sans fond… Vous avez beau empiler, elle ne se remplit jamais.

Dogen

À son retour au Japon, on demanda à Dogen l'illuminé ce qu'il avait appris en Chine : « Je reviens les mains vides. J'ai seulement réalisé que les yeux sont à l'horizontale et le nez à la verticale. »

Sur la porte du grand maître Lin-chi, qui fonda l'école de zen Rinzai, se trouvait l'inscription suivante : « Celui qui croit que le rien n'a pas de forme, que les fleurs sont des visions, qu'il entre ici avec assurance. »

Le paysan illettré Hui-neng, qui allait devenir l'un des plus grands maîtres du zen, connut l'illumination le jour où il entendit quelqu'un réciter : « Allez à la rencontre de votre esprit sans dépendre de rien. »

La seule personne qui s'interpose entre l'illumination et vous, c'est vous-même.

Une personne illuminée ne pourrait pas vous enseigner l'illumination. Pas plus que Pavarotti ne pourrait vous apprendre à chanter comme lui.

Le chemin est large, mais les gens ne l'empruntent pas car ils ne savent pas où il mène.

« Nous voulons Dieu ! Nous voulons l'illumination ! Nous voulons la Paix ! » Taisez-vous donc et finissez votre repas.

Quand vous saurez respirer avec vos oreilles et voir à l'aide de votre nez, vous trouverez l'éveil.

Le zen de Daruma n'est pas le vôtre,
Le zen de Hakuin n'est pas le vôtre.
Le zen de Lin-chi n'est pas le vôtre.
Ne comptez pas sur les grands maîtres : trouvez votre propre zen.

Il fut un temps où, si vous recherchiez le zen, vous trouviez un maître et deveniez son disciple. Ce n'est plus si simple de nos jours. Qu'allez-vous faire, abandonner ? Non, enfilez de bonnes chaussures et suivez votre propre chemin.

Tant que l'on n'a pas compris l'essentiel, aucune Écriture au monde ne peut vous venir en aide. Mais si l'on a compris l'essentiel, à quoi bon les Écritures ?

Quel est le prophète qui voit ?
Quel est le penseur qui pense ?
Voilà ce que vous devez comprendre.

Rester assis, respirer…
Est-ce réellement si difficile ?

La méditation vous fait visiter des endroits merveilleux. Surtout, laissez-les derrière vous.

La félicité n'est que l'autre face du désespoir. Jetez les deux aux orties.

Même si vous adhérez aux Quatre Nobles Vérités du Bouddhisme, respectez les préceptes à la lettre et suivez l'Octuple Sentier, vous ne serez pas plus proche de l'illumination.

Nul ne sait rien du zen. Même les grands maîtres n'en ont pas la moindre idée. On ne peut le comprendre, seulement y être invité.

Une Japonaise du nom de Satsume connut l'éveil dès l'adolescence. Son père la trouva un jour assise en méditation sur les Saintes Écritures, et lui reprocha son manque de respect. « Mais, répondit-elle, en quoi ces Écrits diffèrent-ils de mon séant ? »

Même le plus grand maître n'a jamais enseigné le zen.

Même au cœur de l'hiver, les arbres portent les rameaux fleuris du printemps.

Le zen ne consiste pas uniquement à s'asseoir en paix. Vous devez le rester lorsque vous courez après un bus.

Les jardiniers sont partis, mais le zen s'épanouit sans leur aide.

Regardez une noix, vous voyez son enveloppe. Brisez la coque et vous voyez une nouvelle enveloppe. Fendez le fruit et vous avez deux nouvelles enveloppes. Le zen est à l'intérieur de ces enveloppes.

Un maître zen accusa Ummon d'être devenu un hérétique. « Même si c'est le cas, répondit-il, ça suffit pour obtenir la paix de l'esprit. »

Je n'enseigne pas, j'apprends. Si vous apprenez quelque chose de moi, tant mieux pour vous.

Bam ! Ainsi l'épervier s'empare-t-il du moineau.

Ceux qui ont dérobé le zen ont fui en le laissant traîner là pour que les gens puissent s'en remplir les poches.

Quand le zen vous poursuit, vous pouvez fuir, mais non vous dérober.

« Travaillez dur ! Pratiquez sans relâche ! Débattez-vous de toutes vos forces ! » Ça, ce n'est pas le zen, mais de l'aérobic.

Le zen demande de la rigueur ; malheureusement, certains attachent plus d'importance à la rigueur qu'au zen lui-même.

Si vous êtes venu au monde pour le zen, vous le reconnaîtrez dès que vous le rencontrerez, même si vous n'en avez jamais entendu parler et que vous n'y comprenez rien.

Le discernement gagne lentement en profondeur, comme quand on apprend à jouer d'un instrument.

Parfois le zen, c'est comme chevaucher un tigre. Plus tard, vous devenez le tigre.

Les Occidentaux aiment le bouddhisme parce qu'il tient compte de la plus insignifiante créature. Mais le zen va au-delà de l'attendrissement pour le mignon chaton et le tendre lapereau.

Ne restez pas là assis à méditer. Le travail fait également partie de l'apprentissage.

N'étudiez pas le zen dans le seul but d'échapper à vos problèmes. Ces problèmes *sont* le zen.

Faire le bien est une bonne chose, mais l'on ne peut *mériter* le zen.

Parce que le zen est difficile à saisir, les gens pensent qu'il n'existe pas. Vous ne pouvez voir l'air, ni en attraper une poignée. Refusez-vous pour autant de croire à son existence ?

Creusez, creusez, creusez : la réponse n'est pas au-dehors.

Tant que vous percevrez un espace entre « ici » et « là », vous ne comprendrez pas.

Les sages qui s'écoutent parler peuvent séduire, mais vous barrent la route comme une avalanche.

Imaginez que vous vous retrouviez à la rue. Vous intéresseriez-vous toujours au zen ?

Aspergez-vous le visage d'eau froide. Voilà vos prières du jour expédiées.

D'après Churchill, la Russie était « un rébus enveloppé de mystère au sein d'une énigme ». Le contraire du zen.

S'il vous est déjà arrivé de vous demander pourquoi vous aspirez au zen, sans doute ne le désirez-vous pas assez fort.

Un jour sans travail est comme un jour sans pain.

Hyakujo

Si vous évitez ceux que vous ne comprenez pas, comment voulez-vous apprendre ?

Les gens mauvais sont des bouddhas eux aussi. C'est difficile à comprendre et c'est pour cela que c'est important.

Pour connaître la réponse, il faut d'abord s'abîmer dans la question.

Arrachons la mauvaise herbe

Tout comme les cheveux gris, le zen vient avec l'âge. Mais contrairement à eux, il faut y travailler.

Le zen n'est pas ce en quoi vous croyez, mais ce que vous êtes.

Les paroles de tous les maîtres zen que la terre aie connus empestent toutes comme des cadavres en décomposition.

Faites une bonne flambée, balancez-y tout votre bouddhisme et réchauffez-vous avec.

À une vieille dame d'une grande clairvoyance zen, on posa la question de la main qui applaudit. « Plutôt que de perdre du temps avec ça, répondit-elle, applaudissez donc des deux et passez à autre chose. »

La vie est faite à 99,9% de n'importe quoi. Le reste est zen.

La religion empeste la vertu et les vieux livres de prières humides. Le zen empeste l'encens. Sortons respirer l'air frais.

Lorsque que vous faites du thé, faites du thé. Lorsque vous faites de l'eau, faites de l'eau.

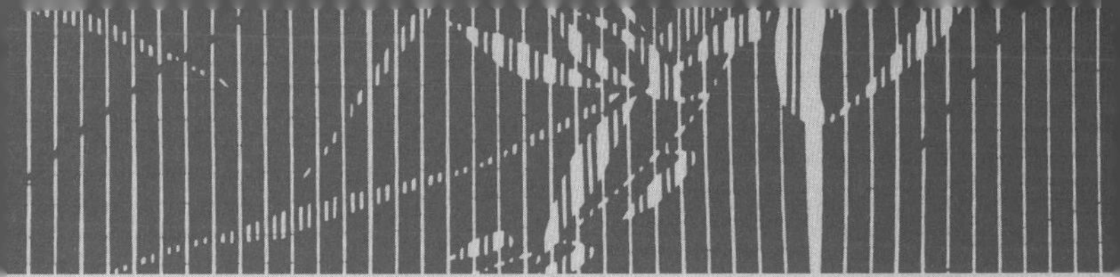

Je ne joue pas mieux les notes que de nombreux pianistes. Mais les pauses entre les notes… ah, c’est là que réside tout l’art !

Artur Schnabel

Nous sortons tous du néant pour y retourner. Quelle que soit la nature de ce néant, il nous semble remarquablement actif.

Comme les hypochondriaques, lorsque nous croyons être malades, c'est dans la tête.

Quiconque vous dit : « je suis éveillé » ne peut pas l'être.

Le problème avec les Bouddhas, c'est qu'ils ont un problème de béatitude.

J'ai eu plus d'expériences « spirituelles » en tondant la pelouse que dans n'importe quel temple ou église.

Le zen vous tombe généralement dessus quand vous vous y attendez le moins.

« Et qui êtes-vous ? » demanda-t-il.
« Ne me troublez pas, » répondis-je.

Laurence Sterne

Quelle bêtise de se démener autant pour mettre des mots sur ce qui est inexprimable !

Rencontrer le zen, c'est comme tomber par hasard sur le jumeau qui vous manquait.

Vous devez pouvoir sentir le zen depuis la pointe de vos cheveux jusqu'au bout de vos orteils.

L'on ne peut ignorer le zen. Telle une arête dans le gosier, dès lors que vous l'avez, il faut faire quelque chose.

Un moine zen demanda à son maître : « Que donnerais-tu à un homme pauvre ? » « Il ne manque de rien », fut la réponse.

Plus vous chercherez le zen, moins vous le trouverez.

Pour Shunryu Suzuki, la méditation était semblable a la confection du pain, mainte et mainte fois répétée. Il disait aussi que lorsqu'une chose est parfaitement maîtrisée, alors toutes choses deviennent familières.

Un homme parcourt le monde pour trouver ce qui lui manque et, de retour chez lui, le trouve.

George Moore

Le zen implique le non-zen, Bouddha implique l'absence de Bouddha, Dieu implique l'absence de Dieu. Libérez-vous des noms, poussez au-delà du dualisme. Le vrai nom n'a pas de nom.

Une fois, j'ai contemplé une fleur pour essayer de voir ce que Maha Kasyapa a vu lorsque Bouddha lui a montré une fleur et qu'il a trouvé l'illumination. Je n'ai rien vu du tout – la fleur était telle qu'elle devait être, mais c'est le regard qui n'allait pas.

Les gens qui se moquent du zen ne font pas de mal, ils manquent seulement de discernement. S'ils ne se moquaient pas, ce ne serait pas du zen.

Même la vie la plus mondaine est une quête constante d'éveil. Nous avons du mal à savoir ce que nous voulons, mais nous sommes certains, du fond de notre esprit, que c'est ce que nous voulons.

Un ivrogne sait rentrer chez lui, même s'il ne se rappelle absolument pas comment il a fait. On trouve la voie de l'éveil en titubant pareillement, parce que ça aussi, c'est chez soi.

Savourez chaque instant de votre vie. Mastiquez trente fois chaque bouchée. Si vous vous précipitez, vous manquerez quelque chose d'incroyable.

Ce n'est que lorsque vous serez prêt à considérer la vie quotidienne d'un œil neuf que vous commencerez à comprendre en quoi elle consiste réellement.

Ne pas tendre à l'éveil est bien plus difficile que d'y travailler avec acharnement. L'oisif n'a pas le choix.

Lorsque vous méditez ne vous attendez pas à des miracles ou à de la magie, mais attendez-vous (lentement, tout doucement) à voir la vie telle qu'elle est.

Ceux qui commencent la méditation se disent : « Quel ennui, je ne tiens pas en place ! Dire que je pourrais être en train de faire quelque chose d'utile ! » Soyez patient. Restez calmement assis et attendez. Une chose magnifique est en train de naître à la vie.

Méditer, ce n'est pas vous couper du monde, mais au contraire vous y ouvrir.

Au départ, votre vie est partagée entre la méditation et son absence. Puis, vous réalisez que tout est à la fois méditation et son contraire.

Ne soyez pas pressé de vous croire éveillé. Si vous pensez l'être, alors vous ne l'êtes pas.

Ne cherchez pas à convertir tous vos amis au zen : rien de plus pénible qu'un missionnaire. Mais, si vous les impressionnez par votre mode de vie, peut-être chercheront-ils l'éveil pour eux-mêmes.

Laissez le zen vous polir, comme l'eau gouttant sur le rocher.

Quel est le problème ? C'est moi, le problème. Jetez le Moi aux orties et soudain, plus de problème.

Comment se débarrasser de « Moi ». Ah, c'est là tout le problème.

Nombre de personnes redoutent la méditation, comme les enfants redoutent l'obscurité. Que c'est étrange ! Comme un escargot qui aurait peur de sa coquille.

Le bouddhisme enseigne que nous recherchons l'éveil dans le but d'échapper à la douleur sans fin de l'enfantement et de la mort. Sans doute le recherchons-nous plutôt parce que cela correspond à notre nature profonde.

Nous sommes tels l'Homme au Masque de Fer. Nous souhaitons voir notre vrai visage, mais ne savons pas comment nous défaire du masque.

Si vous vous abandonnez, vous graviterez naturellement vers l'illumination.

Tout comme celui qui tombe dans une rivière, les gens se raccrochent à n'importe quoi pour rester à flot. En réalité, vous pouvez nager.

Le zen n'appartient à personne, nul ne peut vous le donner ou vous en priver : il est là pour tous.

Le zen n'offre pas de répit.
Que vous le vouliez ou non,
il se manifeste sans cesse.

Le zen est simple. Ce sont les gens qui sont compliqués.

Le zen ne contredit personne. Il existe de nombreux chemins et, au bout de compte, même les mauvais peuvent être les bons.

Si le zen voulait dire quelque chose, vous seriez aussitôt induit en erreur.

Tant que vous parvenez à trouver un appui où prendre pied, vous ne pouvez trouver le zen.

Le zen n'est pas affaire de vol à voile, mais de vol-au-vent.

Est-ce qu'une méditation soutenue vous mènera à l'illumination ? Oui, mais pas toute seule.

Plus vous chercherez à hâter le zen, plus il prendra son temps. Peut-on hâter la croissance du chêne ?

Pourquoi se soucier du zen ? Si vous êtes zen, alors vous savez pourquoi.

Le zen ne parle pas, mais par contre il secoue !

Le zen affranchi du bouddhisme est comme un cheval libéré de son attelage. Voyez comme il se cabre et galope librement dans les prés !

Lorsque vous méditez,
le monde devient comme
de la mélasse tiède.

Méditer est une sensation si merveilleuse que vous aimeriez ne jamais avoir à vous arrêter. Mais la question est ailleurs. Ne méditez pas pour la sensation, mais pour méditer.

Si vous êtes zen, vous n'aurez plus jamais besoin de rien.

En ce monde, vous ne pouvez vous raccrocher à rien. Mais qu'il est dur de lâcher prise !

Avec le zen, vous sentez, comme Socrate, que l'on peut se passer de bien des choses.

Autant que possible, faites le bien, mais ne vous sentez pas contraint. Ce n'est pas un but en soi.

Si vous faites de l'éveil le but de votre apprentissage du zen, alors vous êtes à côté de la plaque.

Vous avez à peine conscience de votre vieillissement. De même, vous pouvez ne pas percevoir la maturation de votre sagesse zen.

La seule personne au monde que vous puissiez fondamentalement changer, c'est vous-même.

Le zen a sûrement comme objectif d'aider autrui… sauf qu'« autrui » n'existe pas.

Plaignez les pauvres, les affamés, les sans-abri, mais ne vous laissez pas envahir par cette compassion – vous n'avez pas que ça à faire.

Ne soyez pas si avide de savoir. Ce n'est pas le savoir qui importe.

Est-ce votre conscience qui contient votre intelligence, ou bien le contraire ?

Peut-on expliquer à quelqu'un comment on fait de la bicyclette ? Bien sûr que non, c'est quelque chose qu'il faut ressentir avec son corps. De la même façon, il vous faut ressentir le zen.

Les gens cherchent à être zen 24 heures sur 24. Croient-ils que le zen va soudain s'arrêter ?

Ne vous attendez pas à comprendre le zen comme n'importe quelle parcelle de connaissance. C'est plutôt comme piger une blague.

Ne pensez pas au zen, contentez-vous d'inspirer profondément.

N'ayez pas peur de vous écarter du chemin. Vos pas sont le chemin.

Lorsque l'on médite, l'astuce est de se relâcher complètement sans s'endormir. Le zen réside dans la région voisine du sommeil.

Plus haut que vous sur la montagne se trouvent d'autres grimpeurs. Si l'un s'écrie : « Attention, cette pierre est glissante ! », prêtez-lui attention.

Ne perdez pas votre temps en regrets. Vous avez une montagne à gravir.

Tout comme la pomme, je suis zen jusqu'au trognon.

Certains se débattent dans leur méditation, essayant désespérément de trouver la réponse. Restez tranquille, et lassez la réponse venir à vous d'elle-même.

Soyez immobile et vigilant comme la grenouille guettant la mouche. La grenouille fait un piètre chasseur : elle laisse les mouches lui mâcher tout le travail.

Dans le zen, point de répit. Une fois que vous aurez commencé, jamais vous ne vous arrêterez.

Chercher à éclaircir le zen n'amène que des complications. Laissez-vous aller et le zen vous imprégnera jusqu'aux os.

Si vous recherchez une vie tranquille et contemplative, évitez le zen.

Le zen n'est rien d'autre que votre nature véritable. En rajouter reviendrait à renchérir sur la perfection.

La pensée bouddhique est fascinante, tout comme sa littérature et sa psychologie, mais si c'est le zen que vous recherchez, vous vous débrouillerez mieux sans elles.

Ceux qui croient que le zen n'est qu'une passade New Age sont dans l'erreur. Il est si ancien que nul ne sait d'où il est venu, ni son véritable nom.

Le zen n'a ni dogme ni croyance qui lui soient propres. Il est accessible aux religieux de toutes confessions, comme aux athées.

Le zen promet-il une vie après la vie ? Non, dans le zen, plus de mort.

Le zen ne fait pas mention de Dieu car, s'il en était autrement, les gens seraient induits en erreur.

Dès lors que vous embrassez le zen, votre errance est terminée. Pour toujours, vous serez ici et maintenant.

Ce n'est que lorsque que vous en êtes tout proche que vous commencez à entrevoir ce qu'est le zen.

Quand le zen s'est répandu en Occident, il a rompu ses liens. Essayez donc de le rattraper à présent !

Pourquoi chercher le zen cloîtré derrière des murs monastiques, alors qu'il est juste là ?

Si tous les Bouddhas et tous les patriarches apparaissaient devant vous à l'instant, ils ne pourraient vous offrir le zen, pas plus qu'ils ne pourraient vous le reprendre.

Ne vous donnez pas la peine d'avoir des pensées belles et saintes – les fleurs s'épanouissent sur le fumier.

Ceux qui commencent la méditation trouvent cela fastidieux. Mais le simple fait d'être assis dans le cockpit d'un avion n'implique pas que vous sachiez piloter.

On dit qu'une eau trop pure n'abrite pas de poisson.

Ceux qui méditent le font dans le but que « quelque chose se produise ». Avez-vous jamais appris une autre langue, ou bien à jouer d'un instrument ? Vous rappelez-vous ce moment où, soudain, vous l'avez maîtrisé ? Le talent se construit lentement.

Les gens, en m'écoutant parler du zen, me prenaient pour un imbécile. Maintenant que je gagne ma vie avec ça, ils me croient intelligent.

Les idiots pensent avoir trouvé l'éveil, tant leur perception de la chose est personnelle.

Tchouang-Tseu

Lorsqu'on lui pose une question, l'élève zen peut frapper le sol ou crier « Kwatz ! » Mais cette réponse vaut seulement si elle provient des tréfonds de votre conscience.

L'oiseau picore les miettes de zen et jonche la table de taches blanchâtres.

On dit que le maître apparaît lorsque l'élève est prêt. Mais évidemment, il faut pouvoir le reconnaître.

Tous peuvent, même à leur insu, enseigner le zen. Il suffit d'être suffisamment éveillé pour recevoir la leçon.

Ceux qui voient tout
en blanc ou en noir,
en bien ou en mal,
ne pourront jamais
commencer
d'apercevoir le zen.

Ceux qui ne voient que d'innombrables nuances de gris sont à côté de la plaque.

Arrêtons de jacasser
sur le zen, sortons et
passons à la pratique.

L'arbre s'épanouit

Étalez un tapis
Et étendez-vous
Quand la pensée s'alite
Tel un malade à la santé
déclinante
Tout karma prend fin
Toute chimère s'évanouit
Voilà ce qu'est l'illumination.

Ch'ing Ming

Les émotions telles que la haine, la cupidité, le désir et la jalousie font masse dans le flux de vos pensées. Même les émotions « positives », comme l'amour, font de même. Ces masses bloquent l'esprit comme le caillot bouche l'artère.

Parfois, les caillots dans votre esprit sont petits et se dissolvent aisément. Mais parfois ils reviennent. Ils peuvent grossir également. Les petits cristaux du début peuvent devenir cailloux, pierres, et même rocs.

Ceux qui se laissent envahir par la haine, la colère ou le désir ne peuvent penser car leur esprit est obscurci par une montagne.

Quand vous sentez naître ces caillots dans votre esprit, tâchez de les laisser se dissoudre d'eux-mêmes. Surtout, ne les encouragez pas. Voulez-vous réellement vous en faire une montagne ?

Les religions contrôlent la pensée et le comportement des gens. Le zen les libère pour qu'ils puissent se comporter en hommes.

Dans le zen, l'univers n'est ni bon ni mauvais. Il est tel qu'il doit être, sans rien à ajouter ni retrancher.

Est-il dangereux de laisser les êtres être ce qu'ils sont ? Ne vont-ils pas voler, violer, tuer ? Mais ils font déjà tout ça de toute façon (souvent au nom de la religion).

Les gens s'agrippent obstinément à leur malheur. Pourquoi les chaînes du prisonnier sont-elles si réconfortantes alors que la porte de sa cellule est ouverte ?

Vous entraîner à méditer, c'est être un Bouddha assis. Il faut que vous sachiez que le zen ne consiste ni à s'asseoir ni à s'allonger… Si vous adoptez la position assise, vous ne trouverez pas l'essence du zen.

Huai-jang

On apprend aux enfants : « vie = bien, mort = mal. » Croyez-vous vraiment que leurs natures diffèrent ?

Même la vie la plus aboutie doit prendre fin. Aimeriez-vous mourir sans connaître le secret de la vie ?

Dans le zen, tout enfer et paradis est possible, mais tous sont transitoires. Repoussez l'enfer, renoncez au Paradis. Qui en a besoin ?

Peu d'entre nous en ont assez de la vie. Rares sont ceux qui renonceraient à une seconde chance. Mais c'est qu'ils ne comprennent pas ce que ce sont vraiment la vie et la mort.

Les gens adorent la pensée positive. Tous ces « quand on veut on peut » semblent stimulants en effet. Mais pouvoir quoi au juste ? Et pourquoi ? Pensez-vous réellement que tous ces efforts vont changer quoi que ce soit ?

Rester simplement assis, en inspirant, expirant, peut sembler si simple, si vain. Mais essayez donc. Ne vous asseyez pas pour rédiger des listes de course ou ruminer vos querelles de bureau. Libérez votre esprit.

Le zen ne vous rendra pas riche et célèbre, c'est mille fois mieux que ça.

Je viens de ranger le garage. De jeter une douzaine de sacs aux ordures. De faire trois voyages à la déchetterie. Quelle journée zen !

Reste simple, andouille !
Voici un excellent conseil zen.

J'ai vu un singe
descendre d'un
arbre d'un seul
mouvement
leste et fluide.
Pas de prises
laborieuses.
Ça alors !
Un singe zen !

Les Occidentaux trouvent ça cool de pouvoir manger avec des baguettes. Qu'est-ce qui importe le plus – d'avoir l'air cool ou de porter la nourriture à sa bouche ? Dans le zen, il s'agit de manger avec vos doigts.

Détendez-vous. Vous ne conduisez pas le train, vous n'en êtes qu'un passager.

Renoncez à tout [le savoir] que vous avez acquis. Il ne vaut guère mieux que le lit dressé pour vous quand vous étiez malade.

Huang-po

Renoncez aux fausses distinctions ! Il n’y a pas « moi » et « les autres ». Le « désir coupable », la « colère », la « haine », l’« amour », la « victoire », l’« échec », n’existent pas.

Huang-po

N’encombrez pas vos pensées de zen, ce n’est qu’une autre façon d’attraper mal à la tête. Videz votre esprit du zen et vous l’obtiendrez.

Sartre évoquait des gens prisonniers de leur cellule. Si vous y croyez, évidemment, cela devient vrai.

Le zen n'est pas soluble. Vous ne pouvez pas simplement le mélanger avec un peu d'eau chaude et le servir aux vôtres. Vous devez y travailler avec patience et le préparer avec soin, comme un banquet pour des invités de marque.

Faites taire la cloche qui sonne au loin.

koan

Vous ne pouvez pas être authentiquement religieux et continuer à croire en Dieu.

Cessez vos babillages sur Dieu.
Quoi que vous disiez de Lui, vous êtes dans l'erreur.

Maître Eckhart

Une fois que vous êtes à court d'idées, y compris de l'idée d'être à court d'idées… vous êtes zen.

Parler du zen, c'est comme parler de sexe – bien moins merveilleux que la réalité.

Le zen ne s'offre pas à vous – il s'impose.

Le monde est un mystère insondable. Le zen l'affirme et les échecs successifs de la science, qui cherche à nous prouver le contraire, en attestent.

Ne vous démenez pas pour être « quelqu'un ». Prenez conscience que vous n'êtes personne.

L’apprentissage ne connaît pas de fin. Le savoir est inépuisable. Ces choses sont délicieuses mais s’avèrent finalement futiles.

Pour réfuter la théorie selon laquelle « tout est dans la tête », le docteur Johnson frappa un rocher de toutes ses forces. Où l’imbécile pensait-il trouver la douleur ?

Le zen n’est pas difficile – il est impossible. Pourtant des gens le pratiquent, et c’est en cela qu’il attire.

Le zen est semblable à la nage : c'est quand vous renoncez à flotter que vous y parvenez.

Une fois que vous avez goûté au zen, la vie sans lui devient aussi impensable que la vie sans l'air.

Certains pratiquent la méditation zen pour ses bénéfices sur la santé, et certains élèves du zen « sérieux » jugent la chose méprisable. Pourquoi ? Dès l'instant où vous faites Zazen, vous parcourrez tout le chemin, tôt ou tard, que vous le vouliez ou non.

Ne retenez jamais qu'une chose.
C'est la seconde qui vous égare.

Kabir

Un intellectuel bien connu a un jour dénigré le zen parce que selon lui, « tous ceux qui ont lu quelques ouvrages de poche pourraient devenir experts en la matière ». Et alors ?

Le zen requiert un certain état d'esprit. Certains naissent avec, d'autres l'acquièrent, d'autres encore détestent en entendre seulement parler.

Pas besoin de croire au zen, il suffit de le pratiquer.

Si le « mysticisme oriental » vous irrite, vous serez peut-être surpris d'apprendre que le zen n'est pas plus patient à son endroit.

Chacun approche le zen avec une idée préconçue. Tout le monde a tort, mais ça ne fait rien : l'erreur est l'une des étapes sur le chemin de la vérité.

Les drogues peuvent vous donner l'illusion que vous avez entraperçu Dieu… le zen fait les présentations.

Le zen semble paisible, mais ne l'étudiez pas si vous recherchez une vie tranquille. Le zen est une révolution de l'esprit.

Au début, il y a les jours zen et les jours sans. Mais au bout d'un moment, vous vous rendrez compte que toute la semaine était zen.

Mangez quand vous avez faim, dormez quand vous avez sommeil.

proverbe zen

Être zen, c'est plutôt nettoyer sa voiture ou jardiner, que de chanter des prières dans un monastère.

Vous libérer du mal n'est pas si difficile que ça. Se défaire de l'idée de « bonté » est bien plus difficile.

Rien n'est enseigné de manière aussi erronée et irresponsable que la religion. Dieu devrait traîner tout ce petit monde en justice.

Chaque église, temple, synagogue et mosquée est un monument érigé à la volonté qu'ont les hommes de méconnaître Dieu.

Si l'un de vos amis vous envoyait une carte postale d'Hawaï, connaîtriez-vous l'endroit pour autant ? Il en va de même pour les religions : voilà ce qu'elles peuvent vous apprendre de Dieu.

Restez assis en silence, à l'écoute. Non, ce n'est pas la voix de Dieu que vous cherchez mais un silence bien particulier.

Un jour viendra où même l'herbe et les pierres connaîtront l'illumination.

proverbe zen

Les gens croient toujours que Dieu est de leur côté. Le zen n'est du côté de personne.

L’esprit du débutant ressemble à un grenier poussiéreux rempli de bric-à-brac. Rangez, videz, nettoyez. Là, n’est-ce pas bien mieux ?

Plus tard, vous réalisez qu’il n’y a jamais eu ni grenier, ni poussière, ni bric-à-brac.

Mentalement, nous avançons tous avec des béquilles. Nous en avons besoin car nous redoutons de marcher tout seuls. Le zen vous apprend à vous débarrasser de ces béquilles.

Le zen n'est pas histoire de fuite ou de quiétisme, il s'agit de s'ancrer plus profondément dans la réalité.

Un chien voulait boire, mais redoutait l'autre chien qu'il voyait dans l'eau. Finalement, rendu fou par la soif, il finit par bondir sur ce « chien », et étancha sa soif.

Le zen est semblable à un plat tout juste sorti du four : trop chaud pour qu'on le mange, trop tentant pour qu'on y renonce.

Pour nourrir votre zen, vous devez apprendre à porter sur le monde un regard neuf. Ne tenez rien pour acquis, mais voyez plutôt la réalité telle qu'elle est.

Les maîtres zen évoquent le doute, qui grandit jusqu'à ce que votre esprit vous semble pris dans les glaces. Là, au moment où vous vous sentez complètement perdu, la glace se fend et l'illumination voit le jour.

Les livres ne peuvent vous enseigner le zen, pas plus qu'un guide de voyage ne vous garantit des vacances réussies. De toute façon, vous devez faire le voyage vous-même.

Il existe de nombreuses histoires de moines ayant enduré des épreuves indicibles pour parvenir au zen. Mais seul importe l'éveil, les épreuves sont facultatives.

Le zen n'a pas de sens. Mais la vie non plus n'a pas obligation d'en offrir.

Pourquoi gravir l'Everest ? Parce qu'il est là. Pourquoi pratiquer le zen ? Pour la même raison.

Vous pouvez avoir le sentiment que vous ne progressez pas. Ce qui bloque votre chemin, c'est l'idée même d'être coincé. Chassez cette idée et vous avancerez sans entraves.

On dit du zen que c'est comme franchir une rivière et atteindre l'autre rive à chacun de nos pas.

Parlez du zen, et vous êtes dans le mensonge. N'en dites rien, et vous mentez par omission.

La psychologie échafaude des théories sur la nature de l'esprit. Le zen le prend directement à la gorge.

Rester assis et réfléchir sur l'esprit vous fait autant de bien que d'essayer de vous chatouiller tout seul.

Dieu ne s'adresse pas à nous par l'intermédiaire des prêtres, des moines, des théologiens, ou de tout autre pourvoyeur de sagesse divine. Si vous recherchez Dieu, vous devez remonter à la source.

Vouloir rechercher le Bouddha ailleurs est pure folie, il est au cœur même de la folie.

Ikkyu

Le maître zen Dogen disait qu'un enseignement réussi devrait sembler vous être imposé – mais cela ne se produit qu'avec l'enseignement ordinaire. Un enseignement réussi donne l'impression de rentrer chez soi pour enfiler de bonnes pantoufles.

Bouddha, tel un chiot dévoué, reste à jamais à vos pieds.

L'étudiant zen ne devrait ignorer aucun aspect de la vie. Mangez de tout : sinon comment saurez-vous quel goût ça a ?

Les moines redoutent le sexe, haïssent la musique, méprisent la frivolité. Tout zen qui ne tiendrait compte de ces choses ne serait qu'une pauvre chose malingre.

Le zen est longtemps resté l'exclusivité des bouddhistes qui pensaient que sa découverte leur appartenait. Mais le zen n'a nul besoin de Bouddha, d'enseignement, ou de moine. Il n'est pas comme le tigre dont on protège les derniers specimens derrière des barreaux : il prospère dans la nature et ne cesse de se multiplier.

Je n'ai pas obtenu la moindre chose de l'éveil complet mais inachevé, et c'est pour cela que l'on parle d'éveil complet mais inachevé.

Le Vajracchedika

Mieux vaut passer du temps avec une prostituée qu'avec un prophète.

Mon zen ne se résume pas aux fleurs de bambou et de lotus. Je préfère la terre et les asticots.

La prospérité, le succès et les biens sont censés constituer les buts de l'existence, mais ils ne font que souligner le pire en chacun.

Parlez aux importants de ce monde : ils ne le perçoivent qu'au travers des verres teintés de leur célébrité. C'est absurde ! Pensent-ils vraiment que la vie se soucie de ces bagatelles ?

Au lieu de récolter de l'argent, vous feriez mieux de récolter du crottin. Au moins les fleurs et les insectes peuvent-ils y prospérer. Qui peut se nourrir d'argent ?

Tout comme vous ne voyez jamais grand-chose depuis l'autoroute, vous ne verrez pas grand-chose de la vie si vous vous hâtez sans cesse vers le succès. Prenez le temps de vous promener sur les sentiers détournés de la vie et vous saurez mieux de quoi elle a l'air.

Certains maîtres de zen aiment s'entourer de disciples. Si un maître a beaucoup de disciples, c'est sans doute qu'il est bon. Mais non : on devrait avoir à traîner un bon maître de force dans l'amphithéâtre.

Le zen est un joli mot plein de promesses, mais il faut vraiment s'en débarrasser. Il est toujours dans nos pattes.

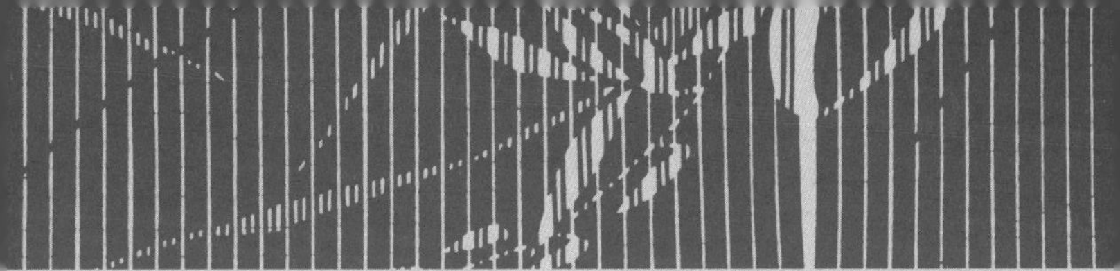

Un bouddhiste bien connu a dit un jour que l'on doit pouvoir « sombrer dans le caniveau en compagnie de la prostituée alcoolique ». L'imaginer dans cette situation fait encore sourire aujourd'hui.

Gardez votre bouddhisme et votre zen. Je vais rester assis à regarder les moineaux.

Quelqu'un demanda un jour à Yun-men ce qu'était le secret fondamental du zen. Il répondit : « La cuisine ! »

Tout cet encens… Parfait pour éloigner les moustiques.

Un moine était assis, emmitouflé dans sa robe safran pour ne rien dévoiler de plus que son crâne rasé. J'eus une envie irrépressible de donner une calotte à ce dôme brillant !

À propos de l'illuminé, Zenrin dit : « Quand il entre dans les bois, pas un brin d'herbe ne bouge, quand il descend à l'eau, pas un clapotis. »

Pour sauver une vie, il faut sa ruine. Une fois qu'elle est réduite à rien, on vit enfin en paix.

Zenrin

Il n'est rien en dehors du zen, et rien au-dedans.

Un koan n'a pas de réponse – pourtant, vous devez répondre. Quoi que vous disiez, quoi que vous fassiez, vous aurez tort. Alors que faire ? Répondez donc ! Vite !

« Pas ça ! Non, pas ça ! » : voilà ce que fut de tout temps l'enseignement des maîtres zen.

Beaucoup pensent que le zen est une branche de la religion. Il est grand temps qu'il devienne aussi une branche de la psychologie.

Un monde devenu fou est un lieu propice au zen.

Le zen fertilise tout ce qu'il touche, que ce soit l'art, la confection du thé, ou la mise à mort de votre adversaire.

D’aucuns disent que le zen est folie dans un monde de raison, mais en réalité, c’est le contraire.

Émousser le tranchant
Dénouer les nœuds
Adoucir la lumière
Unifier les chemins

Tao Te King

Pourquoi s'éterniser dans ces vieux temples qui empestent l'encens ? Gambadez nu dans les champs si cela vous chante. Le zen n'aime pas la contrainte.

Pendant des siècles, le zen et le bouddhisme furent comme un vieux couple marié. Depuis, ils ont divorcé à l'amiable et se partagent la garde des enfants.

On dit que les livres sur le zen sont comme des pattes sur un serpent. Remarquez, les mille-pattes se débrouillent très bien.

Vous finissez par manger et respirer le zen, mais il a quitté vos pensées.

Lorsque vous commencez la méditation, vous voyez de petits monstres au sol qui vous raillent. Mais quand vous aurez appris à les contempler avec les yeux du zen, ils se sauveront.

Ne vous donnez pas tant de peine. Le zen est l'effort facile. Songez au judo et usez de votre poids avec intelligence.

Lorsque vous entrez en méditation, inspirez aussi profondément que si vous vouliez atteindre les entrailles de la terre. Bien sûr, c'est impossible, mais vous verrez qu'avec un peu d'entraînement, vous y parviendrez.

Nul n'a besoin de comprendre le zen, il suffit de le ressentir avec ses tripes.

La méditation vous ouvre les yeux sur maintes choses merveilleuses, mais ne les empoignez pas comme un enfant gourmand en mal de sucreries. Laissez-les où elles sont. Elles n'importent pas.

Mon être,
autrefois par
nature
inexistant ;
Nul lieu où se
rendre après
la mort,
Seulement
le néant.

Ikkyu

Bâtissez votre tour – construisez avec amour, pierre par pierre, jusqu'à ce qu'elle soit assez haute pour que la foudre s'y abatte. Quel feu d'artifice !

En évoquant l'art moderne, on parlait du choc de la nouveauté. Le zen est le choc de l'ordinaire.

Vous connaissez ces notices qui stipulent : «Toutes les parties s'emboîtent l'une dans l'autre, montage facile » ? C'est pareil avec le zen.

Un jour, un homme se tint dans la rue à essayer d'offrir un lingot d'or, mais sans succès. L'enseignement du zen ressemble un peu à ça.

Il s'agit dans le zen de ne pas savoir. En cela, il diffère totalement de l'ignorance.

Le zen n'est pas une relique à vénérer dans un musée. C'est une hache, et seul un dur labeur lui garde son tranchant.

Dans le zen, point de congés, pas même de pause café. Mais quel besoin de faire une pause avec le zen ?

Cherchez un maître si cela vous chante. Cependant, vous ne progresserez réellement que lorsque vous aurez compris que votre seul véritable maître vous fait face chaque jour dans le miroir.

Quand vous serez à court d'intelligence, alors vous commencerez à entrevoir l'essence du zen.

Quiconque tente obligeamment de vous expliquer le zen vous porte sérieusement préjudice.

La mission d'un maître zen est de vous dire : « Non, non, non ! » jusqu'à vous trouviez le « oui » par vous-même.

**Le Mont Lu dans la brume,
la rivière Che à marée
haute. Comme je désirais
les contempler avant de
m'y rendre !
J'y allai puis revins.
Rien d'extraordinaire !
Le Mont Lu dans la brume,
la rivière Che à marée
haute.**

poème chinois

Les pigeons picorent les miettes dans la neige fondue. Que dire de plus ? Ou de moins ?

Il n'est rien d'absurde qui n'ait été dit par un philosophe.

Cicéron

À moins que la sueur ait un jour ruisselé le long de votre échine, vous ne pourrez voir un voilier filer devant le vent.

Ne fuyez pas la vie. Le zen, ce n'est pas boire un thé éventé dans un salon qui sent le renfermé.

Vide de nom
(le néant)
Est l'origine du
ciel et de la terre.
Avec nom
(l'être)
Est la mère
des multitudes
d'êtres.

Tao Te King

On raconte qu'un élève zen se coupa un bras afin de convaincre un maître qu'il était suffisamment sincère pour devenir son disciple. Quel prix à payer pour obtenir ce que l'on possède déjà !

La seule qualité requise pour le zen est une curiosité insatiable.

Nous adorons tout hacher menu, mais le monde se gobe tout rond.

Entre vous et le zen, on ne pourrait même pas glisser un cil de moucheron.

Quand vous commencez, le zen n'est nulle part. Plus tard, il est partout.

Rien à ajouter, rien à retrancher. Le zen est juste ce qu'il faut. Il peut égayer de son souffle toutes les choses de la vie. Si vous le laissez faire, votre vie étincellera telle un diamant.

Premiers bourgeons

Toutes les religions, à une époque donnée, ont trouvé leur propre zen. Mais elles l'ont vite enfoui avant qu'il ne chamboule l'ordre établi.

Tout comme la foudre, le zen s'abat sur terre à tout moment. Mais seules quelques personnes savent qu'elles ont été touchées, et moins encore essayent d'en faire quelque chose.

Tous ces Bouddhas ! Des centaines de milliers de par le monde ! Quel beau feu de joie cela ferait !

Tous les jours, nous gaspillons notre temps en futilités dénuées de sens, sans nous rendre compte que chaque bout de bric et de broc est un joyau sans prix.

La vie ordinaire se poursuit sans que les gens réalisent à quel point elle est extraordinaire.

Imaginez que vous êtes un iceberg dans l'océan. Un individu doté d'une forme, d'une taille, d'une couleur. Mais êtes-vous réellement distinct de l'eau qui vous entoure ?

Que voulez-vous faire du monde ? Il est bien trop beau pour être gaspillé.

Oubliez le Japon, oubliez la Chine, par-dessus tout, oubliez « l'Orient mystique ». Aussi bien, Bouddha se promène en jeans.

Ceux qui vénèrent Bouddha ne savent rien de Lui. Ceux qui l'adorent comme un dieu le couvrent de crachats sans le savoir.

On enseigne si mal la religion que les gens finissent soit par croire un conte de fées idiot, soit par ne pas y croire. Où est le bien là-dedans ? Dans tous les cas, on passe à côté de Dieu.

Comment peut-on continuer à passer à côté d'une chose aussi évidente ? C'est comme si le monde entier conspirait pour ne pas voir le mont Everest.

J'ai appris la méditation avant même d'en entendre parler. Lorsque quelqu'un se proposa de me l'enseigner, j'ai pensé : « Ah, c'est pour ça que les gens font toute une histoire ! »

Finalement, vous êtes votre meilleur maître zen – n'acceptez pas de substituts.

Certains élèves zen sont très fiers de savoir que l'enseignement qu'ils reçoivent a été transmis d'un maître à l'autre pendant des siècles. Ils parlent de leur « lignage zen ». Oh, et si on organisait un vide-grenier ! Je suis sûr que ce lignage aurait l'air génial sur le bureau de quelqu'un.

Repassez les plis de votre vie et aplanissez votre chemin. C'est vous qui créez tous ces creux et ces bosses qui vous font trébucher.

Dès qu'une chose devient difficile ou ennuyeuse, vous savez que vous la faites de travers. Soyez ici et maintenant. Débarrassez-vous des idées superflues et tout coulera de source.

« Untel a appelé pendant que tu méditais », me dit ma femme. Je suis au courant. Où croit-elle que je vais méditer, au Japon ?

« Pourquoi est-ce que tu ne vas pas t'amuser dehors ? me demandait ma mère. C'est si sérieux, cette méditation. » Mais c'est amusant la méditation, et ça donne un sens à votre vie entière. Bien mieux que n'importe quelle fête.

Si vous essayez d'empoigner la vie, vous allez juste l'effrayer. Comme un oiseau, elle se laissera apprivoiser si vous ne la menacez pas.

Restez tranquillement assis et attendez. Sachez quand il faut agir et quand laisser les choses se faire d'elles-mêmes.

Essayer de « sauver » les gens est une excellente façon de les perdre. Laissez-les donc se sauver eux-mêmes s'ils le peuvent ou, mieux encore, laissez-les donc là où ils sont.

Il ne sert à rien de vouloir être ailleurs avec une autre vie. Vous êtes là où vous devez être, et faites ce que vous avez à faire. Détendez-vous. Faites-le. Tout le reste est superflu.

Quel exercice merveilleux que la prise de conscience originelle.

proverbe zen

Le monde n'a nul besoin qu'on l'améliore. Vous n'avez nul besoin d'être amélioré. Lorsque vous aurez compris cela, vous et le monde en serez grandis.

D'un seul coup j'ai oublié tout
ce que je savais !
Il n'y a pas d'excuse pour la
discipline artificielle,
Car, quelle que soit mon
action, je suis la manifes-
tation de la Voie ancienne.

Hsiang-yen

Ne me dites pas que vous n'avez pas de temps pour le zen. Ou alors dites que vous n'avez pas le temps de respirer.

Le zen irrite beaucoup certaines personnes. Ce n'est pas grave. Si ça ne les irritait pas, ce ne serait pas zen.

Pourquoi les gens ne peuvent-ils pas laisser les religions tranquilles, et chercher Dieu à la place ?

Songez à tous les siècles, l'argent, les efforts, les tonnes de pierre engloutis dans la construction des lieux de culte. Ignoraient-ils que Dieu n'a pas de demeure ?

« Là où j'accroche mon chapeau, voilà ma demeure » : une expression très zen.

Je n'ai jamais rien dit de la religion à mes enfants. Je détesterais la leur gâcher.

Les graines du zen s'éparpillent tranquillement de par le monde. Quelle débauche de couleurs quand elles vont germer ! Et quel meilleur moment pour devenir jardinier ?

Écrire sur le zen est un étrange procédé : un peu comme semer des graines et ne jamais savoir dans quels lieux improbables elles ont germé.

Vous pouvez trouver le zen dans l'effort ou dans la facilité. La voie de l'effort est très dure, celle de la facilité est toute simple. Alors pourquoi tant de gens choisissent-ils la voie de l'effort ?

Les gens aiment poser des questions sur Satori, mais je n'encourage pas ce genre de propos salissants.

Les oies sauvages n'ont nulle intention de se refléter. L'eau n'a nulle intention d'accueillir leur image.

Zenrin

Le zen consiste à penser dangereusement.

Vous avez passé une vie à vous nourrir des opinions d'autrui. Comme nous tous. À présent, débarrassez-vous de tout ça et apprenez par vous-même.

Les gens se sentent menacés et volent au secours de leur Dieu, comme si Dieu n'était pas assez grand pour se défendre.

Dieu n'est ni un roi, ni un parent en colère (ni même aimant), ni un magicien de bas étage qui fait des petits tours. C'est pourquoi le zen prononce rarement son nom.

Les gens me demandent : « Mais qu'est-ce que tu crois ? » Comme si la foi avait quelque chose à voir là-dedans.

Nommez une chose, et vous posez ses limites. Le nom zen n'est qu'une commodité, car il faut bien pouvoir en parler. Mais les gens ont tendance à confondre le nom avec la chose elle-même, voilà d'où vient le problème.

Lorsque vous commencez la méditation, on vous fait compter vos respirations. C'est étonnant de voir combien de personnes ont du mal à compter jusqu'à dix.

Le zen peut être loufoque, mais ce qui est loufoque n'est pas nécessairement zen.

Ce n'est pas au vieux dogme que l'on apprend à faire des grimaces.

Dorothy Parker

Lorsque vous dansez, le but n'est pas d'aller au bout de la chanson, mais de savourer l'instant présent. Il en va de même pour la méditation.

J'aime Bouddha, même s'il a toujours été trop bavard.

On peut être sûr que lorsque les gens s'intéressent soudain à la religion, ce n'est pas réellement après la religion qu'ils en ont.

Le monde du zen est étrange, mais pas aussi étrange qu'un monde sans zen.

Pour moi, être zen a toujours été comme retrouver la maison de son enfance.

Le zen prendra soin de vous, même si vous oubliez de le faire

Le rôle du maître zen n'est pas de vous transmettre une information, mais de vous montrer que vous ne savez rien.

Votre esprit est aussi encombré qu'un vieux grenier. Il ne suffit pas de mettre de l'ordre dans la pièce, vous devez tout bazarder.

Tout ce que vous pouvez dire à propos du zen est faux. Donc, ce que je viens de dire est faux également.

Les élèves zen apprennent que tout ce qu'ils font est méditation. Ils ont beau répéter encore et encore, il leur faudra des années avant de comprendre le sens de ce qu'ils récitent.

Quiconque vous dit : « Je suis un maître zen » doit être évité avec soin.

L'ermite assis dans sa grotte peut être un bon bouddhiste, mais il ne sait rien du zen.

Votre vie est votre plus grande aventure. Quel dommage de la remplir de bière et de télé !

Lorsque quelqu'un dit : « Dieu interdit cela ! », il veut dire : « Moi, j'interdis cela ! »

Vous n'avez pas besoin de permission pour entrer en contact avec Lui. Lui et vous ne faites qu'un.

Le monde est rempli de gens qui voudraient vous dire comment mener votre vie. Les élèves zen doivent considérer ces conseils avec indifférence.

Peut-être que vous n'existez pas en tant que personne, mais il vous appartient de le découvrir par vous-même.

Vous commencez par voir le zen tout autour de vous, puis vous le trouvez en vous, et enfin… pouf !

Le bouddhisme ressemble à la maison dans laquelle j'ai grandi. Mais, comme tous les adultes, il vient un moment où il faut quitter la maison.

Le zen est un truc d'adulte, mais peu de gens souhaitent réellement devenir adultes.

C’est volontiers que je vendrai
Aux marchands de cette ville
Mon chapeau couvert de neige.

Bashô

Les gens chérissent leurs rêves et leurs illusions. Ceux-ci réconfortent, mais finissent par vous décevoir. Le zen est sévère, mais ne vous déçoit jamais.

On ne peut apprendre le zen que comme on apprend à plonger : il faut sauter.

Quand le nombre devient unité, que devient l'unité ?

koan

Être mortel avec le zen vaut mieux que d'être divin sans.

Un maître zen a écrit : « Le propos du zen réside dans le perfectionnement de notre nature. » Balivernes ! Croyait-il que le zen se soucie de ces futilités ?

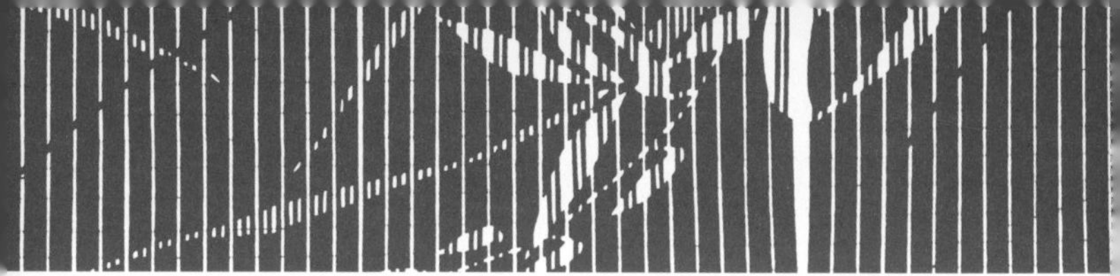

Lavez-vous dans le zen,
laissez-le vous imprégner.
Se contenter d'être mouillé
en surface ne sert à rien.

**Je m'étire avec indolence
et attrape des poignées de
bon air zen.**

J'aime le zen parce qu'il n'y a pas de « parce que ».

Pas d'entrée, pas d'issue, pas moyen de passer à côté, ni par-dessus, ni par-dessous... alors, où allez-vous maintenant ?

Comprendre le zen est plus difficile que de tresser des anguilles vivantes dans un seau.

L'entrevue entre un élève zen et son maître est formelle, intimidante et terrifiante. Se montrera-t-il cinglant ? Êtes-vous suffisamment sûr pour lui crier « kwatz ! » au visage ?

Quand le zen vous tombe dessus, ripostez avec véhémence.

« Où vas-tu ? »
demanda le garçon.
« Là où mes pas me mèneront »,
répondit l'autre.
« Où vas-tu aujourd'hui ? »
demanda le garçon.
« Là où le vent me poussera »,
répondit l'autre.
« Où vas-tu aujourd'hui ? »
demanda le garçon.
« Au marché pour y acheter des
légumes », fut la réponse.

Comme il est étrange d'être là, en train de babiller à propos du zen, alors qu'à tout moment nous le respirons le plus naturellement du monde.

Peter Pan est parvenu à semer son ombre, mais son zen était attaché plus solidement.

Qui aurait cru que la vie se terminerait si bien ?

Il faut compter avec la guerre, le sang, la mort et la destruction. Mais dans le zen, ils se consument comme des feuilles mortes dans un feu de joie automnal.

L'on dit que le Diable envoya ses filles pour détourner Bouddha de l'illumination. L'imbécile ! Il n'avait rien compris.

Rien dans le zen n'est bien surprenant. Si vous trouviez du poulet dans du bouillon de poule, seriez-vous stupéfait ?

Quand Bouddha atteint l'illumination, le Diable, hurlant et se débattant, connaît aussi l'éveil.

Saisir la vérité intellectuellement n'est pas un problème. Mais la ressentir au plus profond de vos entrailles, c'est autre chose.

Dans le zen, vos pieds prennent racine au centre de la terre et votre tête touche les nuages.

La politique est l'art du possible, mais le zen est l'art de l'impossible.

Qui sommes nous ? D'où venons-nous ? Où allons nous ? Ces questions sont celles des enfants et des faibles d'esprit. Avec un peu de chance, les enfants y échappent en grandissant.

Arrêtez de jacasser et écoutez, écoutez, *écoutez* !

Vous connaissez déjà les réponses, reste à prendre conscience que vous les connaissez.

Il n'y a rien de mystérieux ou d'étrange dans le zen. Le seul truc bizarre est l'incapacité des gens à comprendre l'évidence.

Peu importe ce que vous comprenez, vous n'avez rien compris du tout.

Le zen ne vous fera pas marcher sur l'eau ou voler dans les airs, mais qui s'en soucie ? Les brins d'herbe peuvent flotter et n'importe quel insecte peut voler. Le zen, c'est plus essentiel que ça.

À peine le zen entrevu, et tout devient zen, aussi loin que porte le regard.

Nul n'a besoin de dieux ou d'anges. Ni des petits hommes verts d'Alpha du Centaure. Tout ce dont vous avez besoin, vous l'avez déjà.

Certains croient que la puissance de Dieu circule en eux comme l'électricité dans une ampoule. Mais imaginons que Dieu n'est pas seulement le courant, mais l'ampoule également.

Moins il y aura de moi, plus il y aura de zen. Plus il y aura de zen, plus il y aura de moi.

Il est inutile d'essayer de vous débarrasser de votre ego en vous montrant débonnaire, obéissant et effacé. Ce n'est que l'autre facette de ce même vieil ego.

L'ego s'évapore naturellement lorsque le zen s'instille.

Il ne sert à rien d'essayer d'être gentil, bon et vertueux si ce n'est pas ce que vous ressentez. Le monde compte bien assez d'hypocrites. Laissez le zen vous remplir et la moralité se débrouillera bien toute seule.

Tant d'enfers, laborieusement élaborés à partir de toutes les bonnes intentions des gens.

Dieu est accommodant et acceptera de porter le masque que vous aurez choisi. Mais dans le zen, pas de masques.

Partons en guerre ! À mort les infidèles, les terroristes et les étrangers. Après tout, c'est Dieu qui l'ordonne. Non ?

Si vous contemplez un monde de misères et de souffrances, c'est que vous ne regardez pas avec suffisamment d'attention.

Une fois que vous avez vu la queue du taureau, la tête n'est pas bien difficile à trouver.

« Je ne suis pas ton ami », aurait dit Maître Shunryu Suzuki à son élève en pleurs. Voilà un ami véritable.

Attention !
Il est juste
derrière vous !

Les fruits mûrissent

Oubliez toute idée de séparation. Le deux n'existe pas, seulement l'Un.

Si vous rencontrez un démon, tapotez-lui gentiment la tête. Comment pourrait-il cesser d'être ce qu'il est sans votre aide ?

La méditation vous ouvrira l'esprit, vous rendra généreux et bon. Autant de qualités qui vous aideront pour méditer.

Si vous avez déjà la vie et que vous savez déjà ce dont il s'agit, pourquoi rechercher l'illumination ?

Cessez de chercher de qui est « Autre », cherchez seulement ce qui est vôtre.

Le grain et la farine ne sont pas deux choses différentes, mais seulement deux aspects d'une même chose. Il en va de même pour Dieu et les hommes.

Pourquoi tous ces vieux maîtres zen étaient-ils si grincheux ? Le zen fait la part belle au rire.

Prenez toutes les lois, le Noble Octuple Sentier, les Préceptes, et éparpillez-les aux quatre vents. Puis contemplez les vents. Wouhououou !

J'aime les mots. Donnez-moi une grille de mots croisés et je suis comblé. Mais les mots ne sont que des jouets, ils ne servent à rien de sérieux.

La naissance et la mort,
venir et partir, quelle blague !

**Nul ne connaît le mot de la fin,
mais « magnifique » s'en
approche.**

Manger, dormir, faire l'amour –
la vie ressemble à ce qu'elle
est, simplement.

Psychologues, philosophes, physiciens, mathématiciens et autres adorent nourrir des théories. Mais la vie n'est pas une théorie et ne peut y être contenue. Brûlez vos livres, et laissez-vous vivre.

Essayez, essayez, essayez encore et lorsque ça ne marche pas, lâchez prise, lâchez prise, lâchez prise.

Le zen s'adapte, le zen du Japon médiéval nous est aussi utile qu'une vieille épée rouillée.

À moins que votre zen n'agisse au cœur de New York, de Londres, ou dans n'importe quel coin perdu au fin fond de la Creuse, *ce n'est pas du zen* !

Une fois que vous serez zen, tous ceux sur qui vous poserez les yeux seront illuminés.

Il m'a fallu des années pour désapprendre ce que je savais – et aujourd'hui encore, il faut parfois que je me fasse violence pour me rappeler que je ne sais rien.

Un joyau sans prix reste un joyau sans prix même tombé dans la boue. Le zen est là, que vous le sachiez ou non.

Vous croyez que vous allez tomber si vous lâchez prise, mais en réalité, vous vous élevez comme un ballon rempli d'hélium.

Le zen est absolument sans danger. Vous ne perdrez pas l'esprit, mais seulement le gros tas de boue que vous trimbaliez à la place.

Le zen est comme un tigre – une fois qu'il aura senti votre odeur, il vous traquera jusqu'au bout.

C’est amusant d’abattre les murs. Crac, bang, boum ! Voyez la lumière entrer partout.

Le zen est imperméable, incassable, il résiste aux chocs, il est légal, il est bio, sans OGM, et ne fait pas grossir. Ah oui, c’est gratuit aussi. Alors, qu’est-ce qui vous retient ?

Organisons une fête zen et invitons tous nos amis. Ensuite, on aidera tous Bouddha à faire la vaisselle.

Si je ne devais dire qu'une seule chose à propos du zen, ce serait « du piment ».

Si vous ne pouvez pas l'avoir, laissez tomber. Alors vous l'obtiendrez.

Même si la terre s'écrase sur le soleil et que les étoiles tombent du ciel, le zen sera toujours là. S'il en était autrement, ce ne serait pas le zen.

Poème zen : « Lune. »

Jouons ! Je vais me cacher sous le zen, et toi tu devras me trouver.

J'ai trop mangé de zen et maintenant, je n'arrête pas de roter des koans.

Mettez-vous tête en bas puis, *précautionneusement*, maintenez la terre en équilibre de vos deux mains.

Les gens s'entêtent a vouloir ce qu'ils ne peuvent avoir, et pourtant, ils ont déjà tout.

Oubliez les maris, les femmes, les enfants. Essayons de réellement faire la connaissance de ces personnes.

Vous savez distinguer le haut du bas, la gauche de la droite, l'avant de l'après ? Vous êtes l'esclave d'une convention.

À chaque instant, quoi que vous fassiez, que vous le vouliez ou non, le zen s'insuffle dans vos poumons.

Ce que les gens essayent de diviser, le zen le réunifie aussitôt.

Tout comme dans la combustion spontanée, le zen vous consume de l'intérieur lorsque vous vous y attendez le moins.

Nombreux sont ceux qui détestent le zen, parce qu'ils craignent qu'il rende les gens heureux sans leur permission.

Chassez ces pensées stupides qui tournent en rond dans votre esprit. Restez tranquille, et elles s'en iront en flottant se nourrir ailleurs.

Tout habitant de l'enfer
reçoit une clé et une carte
« sortie de prison ».

**Vite ! Vite ! L'illumination
est en vente dès à présent.
Achetez la vôtre pendant
qu'il y en a encore !**

Tout comme le joueur de flûte de Hamelin, le zen vous entraîne dans une joyeuse danse.

Quand j'étais petit, je voulais le zen, mais ma mère me disait que j'oublierais de nettoyer sa cage.

Certains croient que je dis des bêtises exprès pour les embêter. L'idée est tentante, mais à vrai dire, si je leur disais des choses sensées, cela ne leur rendrait aucun service.

Même au plus froid de l'hiver, le zen fait jaillir des fleurs où que vous posiez le regard.

Quel sens ça a ?
Rien n'a de sens.
Les choses sont,
c'est tout.

Le zen se fiche de ce que vous mangez, de ce vous portez, ou de savoir si vous vous êtes lavé les mains avant de méditer. Du moment que vous pratiquez.

Contempler le zen est un peu comme contempler le Grand Canyon… difficile d'en embrasser la totalité d'un seul regard.

Peu importe qui vous êtes ou ce que vous avez fait, le zen est là si vous le voulez. Vous n'avez même pas à dire « pardon ».

Le Big Bang ? Juste un scientifique qui s'est cogné l'orteil contre la réalité.

Mieux vaut la folie que les maths !

On n'adore pas le zen, pas plus qu'on ne le loue, ou qu'on ne l'aime. On l'est, c'est tout.

Dans le zen, vous devenez neuf et rutilant.

N'importe quel abruti peut compliquer les choses. Mais l'astuce, c'est de les simplifier.

Parfois, il n'y a rien à dire. J'aimerais pouvoir vous offrir ce silence.

Même si vous ignorez la nature du zen, rien ne peut vous empêcher de le trouver.

Un célèbre athée du XIXe siècle aimait défier Dieu de le foudroyer. Défiez le zen, et vous recevrez les électrochocs qui vous donneront la vie.

Si votre zen exclut même la plus petite parcelle de l'univers, alors ce n'est pas le zen.

Si vous pouvez respirer, alors le zen est à votre portée. Si vous ne savez pas, alors vous êtes dispensé.

Il fut un temps où je ne ressentais le zen que de temps en temps, lorsque je me sentais bien. À présent je sais qu'il est toujours avec moi, quel que soit mon état.

Il est facile d'aimer les personnes gentilles et vertueuses. Mais les méchants aussi sont des Bouddhas. Si vous ne comprenez pas cela, c'est que votre zen n'est pas encore arrivé à maturité.

Le zen vous aide à accepter les autres, même si vous n'êtes pas accepté.

Le zen n'est en conflit avec aucune religion. Certains chemins peuvent nous sembler étranges, mais ne le sont pas pour ceux qui les empruntent.

Le zen parle de détachement mais, au bout du compte, comment peut-on se détacher de quoi que ce soit ?

Les Anglais n'aiment pas la musique, ils aiment juste le bruit qu'elle fait.

Sir Thomas Beecham

Tout propos sur le zen ne peut être que l'ombre d'une approximation. Le zen lui-même doit être ressenti.

Si vous êtes fait pour le zen alors vous trouverez votre voie, bien que le chemin soit périlleux. Si vous n'êtes pas fait pour le zen, vous ne trouverez même pas le chemin.

C'est quand il n'y a plus rien à dire
que le zen devient éloquent.

**Que l'on ait du mal à saisir le zen
ne veut pas dire qu'il n'existe pas.
L'eau est difficile à saisir, mais nous
garde pourtant en vie, non ?**

Dans le zen, l'idée est de ne croire en
rien de spécial, mais de regarder sans
ciller tout ce qui est.

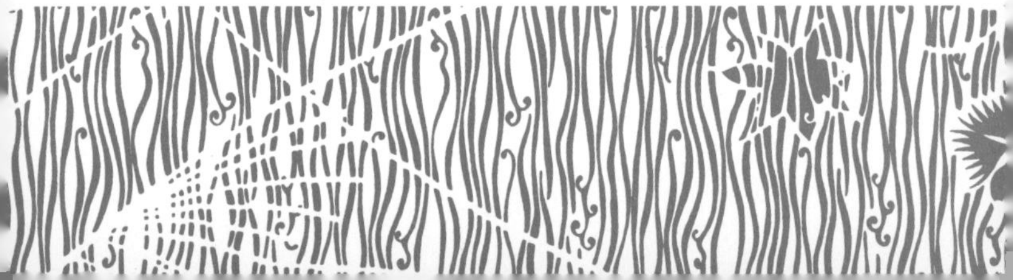

Si vous aspirez au zen, vous devez oublier tous ces concepts « religieux ». La foi, Dieu, le péché et la rédemption peuvent se concevoir mais n'ont absolument rien à voir avec le zen.

Les gens essayent de faire rentrer la vie dans les moules qu'ils ont fabriqués. Pourquoi la vie porterait-elle un corset ?

Les membres des autres religions peuvent pratiquer le zen. Mais il faut être prêt à le laisser s'emparer de vous, même s'Il n'est pas ce à quoi vous vous attendiez.

Pourquoi est-il dangereux de marcher sur un pont branlant ? Parce que vous êtes prisonnier des concepts du danger et de la chute. Une fois votre esprit libéré, le pont cesse d'être branlant.

Rien ne sert de geindre en priant Bouddha. Il est mort. Mais si vous attrapez le zen et que vous vous cramponnez, vous trouverez en vous une force insoupçonnée.

Rien n'existe en dehors de votre esprit. Tout est dans votre esprit parce que, si ce n'était pas le cas, vous n'en auriez pas conscience.

Prenez le contrôle. Vous ne laisseriez personne vous malmener dans votre propre demeure, alors pourquoi vous laisser bousculer dans votre esprit ?

Évidemment, il y a un autre point sur lequel réfléchir : êtes-vous sûr que « votre » esprit soit réellement le vôtre ?

Nul besoin de comprendre le zen. Nul besoin de connaissances religieuses, psychologiques ou philosophiques. Tout ce qu'il vous faut, c'est l'esprit d'un véritable explorateur pour partir à la recherche de ce qu'il y a là-bas.

Combien de choses croyez-vous parce que l'on vous en a parlé ? Des centaines, des milliers, des millions ? Le zen est une chose que vous devez découvrir par vous-même, mais il affectera toutes les autres.

Les gens ont envie de croire en quelque chose, mais ne parviennent pas à croire à l'impossible. Le zen vous laisse le soin de le découvrir tout seul.

J'aimerais vous offrir le zen mais c'est impossible. Ça ne marche pas comme ça. Vous devez vous procurer le vôtre.

Un ami me disait : « Je suis sceptique sur cette histoire de zen. » Comment cela, tu ne sais pas t'asseoir ou tu ne sais pas respirer ?

Dans le bouddhisme zen (par opposition au zen), il y a des sutras, des prières, des bougies et des tambours, de l'encens. Mais toutes ces choses ne sont que des accessoires. On peut parfaitement bien jouer la pièce sans eux.

Chaque fois que vous tomberez sur un centre zen, sachez que le centre du zen ne s'y trouve pas.

Le zen a un rôle important à jouer. Ne perdez pas de temps à vous déguiser. Est-ce que vous et vos amis joueriez à vous asperger si les gens mouraient de soif ?

Au prix de beaucoup d'efforts et de soin, on a importé le zen ici pour que vous puissiez en faire usage. La question qui se pose, c'est : qu'allez-vous en faire à présent ?

Les bouddhistes ont longtemps suspecté que le zen n'était pas réellement une école de bouddhisme. Bien sûr, ils avaient raison. Le zen est un loup déguisé en bouddhiste.

Vous savez, la hache de Grand-père ? On a changé le manche sept fois et la lame trois fois, mais pour nous, c'est toujours la hache de Grand-père.

Quand elle était petite, ma fille adorait que je la promène sur mes épaules et, en se penchant, elle me pinçait le nez très fort. Le zen a le même genre d'humour.

Chaque génération enrichit le zen. Chaque maître apporte une nouvelle perspective. Mais pas de sentimentalisme à l'égard du passé. Le zen est destiné à un usage intensif.

Parfois, je parle du zen comme s'il était vivant, presque une personne ou un dieu. Mais c'est faux. Cela dit, le zen n'est en aucun cas une chose morte.

Le zen, tout comme un bon partenaire de danse, réagit élégamment et avec grâce à chacun de vos mouvements.

La première fois que j'ai lu un truc sur le zen, je voulais avant tout comprendre, mais j'en étais incapable. Pourtant, il suffisait de le vouloir. Il a fini par se frayer un passage au travers de mon blocage mental.

Un monde si épris de feu et de sang n'a que peu de temps à consacrer au zen. N'est-ce pas une chance que le zen ait autant de temps à consacrer au monde ?

Le zen n'est pas un jeu, même s'il est souvent amusant.

Vous voulez savoir à quoi ressemble le zen ? Essayez donc voir votre nuque sans miroir.

Il fut un temps où le zen paraissait lointain, ténu, vague. À présent il est aussi réel et pressant que le baiser d'un amant.

Chercher le zen, c'est comme un vieil homme qui chercherait ses lunettes alors qu'il les a sur le nez.

Qu'est-ce que l'objectivité ? Si je dis voir une fleur et que vous répondez qu'il s'agit juste d'un papier argenté, pourquoi aurais-je confiance en votre opinion « objective » ? Après tout, vous êtes également dans mon esprit.

Il n'y a pas de lieu indiqué pour commencer le zen, de même qu'il n'y a pas de lieu indiqué pour entamer une assiette de spaghetti. Attaquez n'importe où.

Les gens redoutent que l'illumination ne les change. On aurait pu croire qu'ils craindraient encore plus de ne pas changer.

Le zen ne fait pas de vous une autre personne, il vous rend plus « vous ».

Le zen brille pour tous, mais la plupart des gens restent à l'ombre.

Les gens croient qu'ils ont un petit esprit dans leur tête et un grand qui connaît le monde extérieur. Mais les deux ne font qu'un, ils portent seulement deux noms différents.

Quand vous creusez
un trou profond,
il se remplit d'eau.
Quand vous le
creusez en vous,
il se remplit de zen.

J’aime le zen car il ne fait pas de chichis. C’est comme si on se débarrassait du mobilier à fanfreluches de sa vieille tante pour le remplacer par des chaises de style Shaker.

Ce n’est pas grave si vous ne comprenez pas tout dans le zen. Personne n’a dit que vous deviez tout faire aujourd’hui.

L'intellectualisation n'est tout simplement pas le but. Vous ne pouvez pas avoir de théories sur le zen. Vous ne pouvez que le sentir vous imprégner.

Certains scientifiques aiment qualifier le zen d'« absurdité mystique, », ce qui est une excellente description. Dommage qu'ils ne sachent pas ce que ça veut dire.

Si vous croyez que le zen a un lien quelconque avec le tarot, le Yi King, les cristaux et le feng shui, vous allez avoir un choc. Le zen est aussi proche de ces choses que le tigre du hamster.

Les gens qui sont sur le chemin du zen se distinguent vite car, même s'ils ne le savent pas encore eux-mêmes, ils remettent en cause « la réalité » et posent les vraies questions.

Quelqu'un m'a demandé de visualiser mon avenir : une longue route toute droite, qui s'étire, encore et encore.

Même enfant, petit Protestant en Écosse, je n'ai jamais réussi à me sentir comme un pauvre pécheur en quête de salut. Je me sentais comme un aventurier en route pour un long périple.

Écouter les maîtres zen, c'est un peu comme de lire un manuel sur le sexe pendant qu'on fait l'amour.

Quand vous montrez aux gens l'art de filer comme les hirondelles, ils s'entêtent à patauger comme des canards.

Le bouddhisme sans le zen, c'est comme un Coca sans bulles. Mais le zen sans le bouddhisme, c'est comme un oiseau sans cage.

Le zen a été martyrisé par les bouddhistes et châtré par le New Age. Il est grand temps de le laisser s'épanouir sans entraves.

Plantons des graines de zen et observons, stupéfaits, les fleurs s'épanouir.

Même la meilleure des religions (et je vote pour le bouddhisme) n'est qu'une pâle et insipide version amoindrie de la vérité.

Pas de loi dans le zen, si ce n'est de ne jamais cesser d'explorer. Vous avez tort si vous pensez avoir atteint votre destination.

Pourquoi les maîtres zen d'autrefois fuyaient-ils tout ce qui est amusant en ce monde ? Un zen qui n'englobe pas toute chose n'est pas zen du tout.

Suite à une réponse stupide, le maître Huang-po gifla son élève. « Que vous êtes grossier ! » cria ce dernier. « Quel imbécile de distinguer la grossièreté du raffinement », répondit Huang-po avant de lui administrer une seconde gifle.

Chacun de vos souffles vous remplit d'illumination.

Il vaut mieux être zen que rester assis à ne rien faire.

Vous êtes ce que vous pensez.

Nous voulons être bons en zen. Nous avons l'esprit de réussite. Mais le zen n'est pas comme les échecs, le foot ou le bowling. On ne peut pas devenir champion. Si votre zen est pur, simple et honnête comme du bon pain, alors vous aurez réussi.

Encore mieux que de régner sur la terre entière, mieux que le paradis, mieux que la domination de tous les univers, il y a le premier pas sur la voie de la sainteté.

Dhammapada

Mieux vaut se casser les deux jambes que de franchir ce pas.

Ce Bouddha était un gars pas commode, qui essayait sans cesse de fourvoyer les gens avec sa robe et sa sainteté.

Si après avoir médité vous ressentez une sensation spéciale que vous croyez être le zen, jetez-la aux orties.

Il n'est pas difficile d'atteindre l'état de samadhi dans un isolement paisible. Si vous y parvenez à Trafalgar Square ou à la Gare de l'Est, c'est que vous êtes en bonne voie.

« Qui est le moi ? »
« Que ferais-tu d'un moi ? »
« Ai-je raison de dire que je n'en ai pas la moindre idée ? »
« Mais débarrassez-vous donc cette idée ! »
« Quelle idée ? »
« Vous êtes libre, si vous le souhaitez, de continuer à trimbaler cette idée stupide de n'en avoir aucune idée. »

Un moine demanda : « Pourquoi le premier patriarche venait-il de l'ouest ? » « Passe-moi donc cette planche », ordonna le maître. Puis il le frappa avec.

J'aime chez Daruma son regard de tigre féroce. Posez-lui une question et vous prenez votre vie en main.

Mon amie Yukiko me lisait un haiku. « J'ai beaucoup aimé celui-là », dis-je.
« Est-ce qu'il t'a donné froid ? » répondit-elle.
« Non. »
« Alors, c'est que tu ne l'as pas compris. »

Le zen vous envahit petit à petit. Tout ce que vous avez à faire, c'est dire « oui ! »

La sève afflue

Donne moi ton zen ! Tu l'as depuis suffisamment longtemps, et tu n'en as rien fait à part le laisser prendre la poussière sous ton lit.

Le zen a besoin de personnes passionnées, pleines de vie, et qui n'ont pas peur de penser dangereusement. En général, le bouddhisme est à peu près aussi dangereux qu'un rassemblement de paroisse, en moins intéressant.

Une vieille anglaise bouddhiste m'avouait que, au plus profond d'elle même, elle avait réalisé n'être pas « une personne très recommandable. » À l'évidence, il fallait qu'elle creuse encore un peu.

Cela peut vous rendre impatient de voir des gens passer à côté. C'est comme d'être un adulte au milieu d'un jeu de colin-maillard.

Méditez aussi souvent et avec autant de sincérité que vous le pouvez. À part ça, *vivez*. On ne trouve pas le zen en restant à l'abri de la vie.

A l'occasion, il est agréable de regarder le chemin parcouru et de voir où on en est.

Dans le bouddhisme, les gens renaissent encore et encore. Jusqu'à l'illumination, ils sont condamnés à une vie de souffrance, de désespoir et de mort. Mais, attendez voir… Si tout n'est qu'un éternel recommencement, pourquoi ne savourent-ils pas une vie de jeunesse et de beauté ?

Il est injuste d'accuser ceux qui n'y comprennent rien, car il est difficile de comprendre. Ceux que je méprise sont ceux qui n'y comprennent rien, mais qui usent de leur ignorance pour tenir les autres en esclavage.

Si quelqu'un vous dit que Dieu vous a ordonné de faire telle ou telle chose, dites-lui d'aller se faire voir. Dieu sait où vous trouver.

Aucune religion n'est néfaste, c'est juste qu'elles bradent toutes une expérience de seconde main. Si vous cherchez de l'authentique, il va falloir le trouver vous-même.

À là synagogue, on m'a demandé de me couvrir, à l'église de me découvrir, et dans un temple, d'enlever mes chaussures. Dieu se soucie-t-il réellement de ma tête et de mes pieds ?

Pourquoi les gens préfèrent-ils une spiritualité factice pleine de saints en plâtre et de soi-disant miracles, plutôt que l'authentique ?

Sur un graffiti, on pouvait lire : « 95% des choses sont de la merde. » C'est exact, mais le pourcentage est peut-être un peu sous-estimé.

Les samouraïs qui passaient le plus clair de leur temps dans des combats épouvantables et sanglants prenaient le zen à cœur. Ceux qui prônent un zen modéré devraient garder cela à l'esprit.

J'adorerais prendre le monde dans mes bras et le secouer comme un prunier, pas parce que le déteste, mais parce que je l'aime tant.

Quand le zen vous tombe dessus, c'est comme si on était une ampoule de lampe torche branchée soudain sur du 220 volts. Sauf que cette ampoule ne grille pas.

À vingt ans, sans le zen, j'avais le cœur d'un quinquagénaire. Une fois que vous avez trouvé le zen, vous ne cessez de rajeunir.

Ne vois-tu pas ce taoïste nonchalant,
qui a renoncé au savoir et au labeur ?
Il ne fuit pas les mauvaises pensées
pas plus qu'il ne cherche la vérité,
Car l'ignorance est la nature même du
Bouddha
Et ce corps illusoire, changeant et
creux, le corps de Dharma.

Tcheng-tao Ke

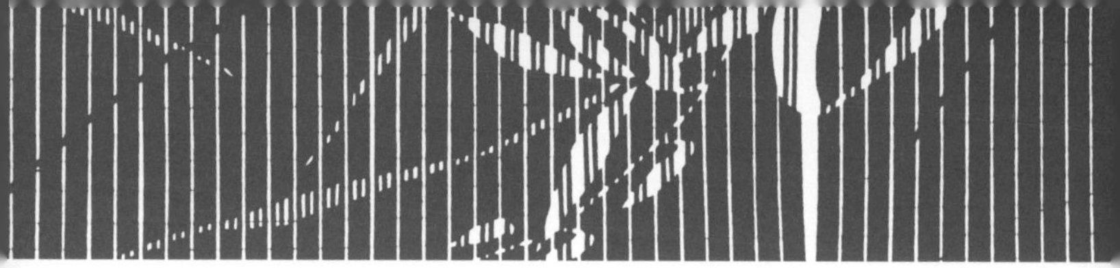

Les oiseaux chantent, les fleurs éclosent, les insectes volettent de-ci de-là dans le soleil printanier. Mais où est Bouddha pendant ce temps ?

La belle-de-jour qui ne fleurit
qu'une heure
Ne diffère en rien du pin millénaire
qui vit dans la montagne.

poème zen

Celui qui a beaucoup vécu jouit de son temps.

proverbe taoïste

Où en serait le bouddhisme sans les taoïstes ? Ils lui ont donné un tel coup de pied dans le derrière qu'il a produit le zen dans un hoquet.

Un monde sans zen est aussi improbable qu'un poisson assoiffé.

Ne vous tourmentez pas en pensant au zen. Il ne s'agit pas de réfléchir. Laissez juste vos pensées aller à leur guise.

Nous sommes passés devant un champ de fleurs écarlates et mon amie thaïlandaise s'est écriée joyeusement : « Regarde ! Des cocoricos ! »

Une fleur tombée
Retournant à sa branche ?
Un papillon !

Comme lorsqu'on voyage dans les montagnes noyées de brume, il n'y a aucun moyen de savoir où se situe l'aboutissement de votre voyage zen.

Chaque pas vous rapproche de votre but.

Vous ne parvenez pas à voir le zen de la même manière que la fourmi ne voit pas l'éléphant.

Vous avez moins de chances de renoncer au zen que la souris à son chat.

Mieux vaut éviter d'être consommé par un chat. Par contre, être consumé par le zen est un but auquel il faut s'employer.

Le zen n'est pas affaire de vieillards derrière les murs d'un monastère. Il s'agit de vous, vous, et encore de vous.

Ne perdez pas trop de temps à réfléchir au zen : c'est comme un oiseau qui réfléchirait à l'air.

Chaque génération a la possibilité de faire évoluer le zen à sa façon. Qu'en fera la nôtre ?

Jamais
dans
l'histoire de
ce monde
le zen n'a
été plus
répandu.
Les
possibilités
sont à
couper le
souffle !

Ce que l'on appelle l'enseignement de Bouddha n'est pas ce qu'il enseigne.

Sutra du Diamant

Étudier le zen, c'est un peu comme mettre un nichoir dans votre jardin. C'est peut-être un très beau nichoir auquel vous avez apporté beaucoup de soin, mais vous ne pouvez décider si les oiseaux viendront y nicher.

Pourquoi le monde est-il empli d'illusions ? Allez savoir. Peut-être que c'est plus drôle ainsi.

La raison est comme un officier
lorsque paraît le roi ;
Il perd alors son pouvoir et s'efface.
La raison est l'ombre que projette
Dieu ; Dieu est le soleil.

Jalal-udin Rumi

Les enfants de Dieu sont adorables mais tellement étranges, très gentils, mais tellement bornés.

Sadhu Sundar Singh

Si vous éprouvez de la fatigue pendant que vous méditez, faites une sieste. Croyez-vous qu'un petit somme ne soit pas zen ?

Ne vous torturez pas au sujet du zen (et ne laissez pas les autres le faire à votre place). Vivez votre zen en douceur.

Songez à cela : le zen améliore-t-il votre existence, rend-il votre entourage plus heureux ? Si ne n'est pas le cas, quelque chose ne va pas.

Si vous avez voulu échanger votre zen contre un ticket de loto gagnant, alors ce n'est pas vraiment le zen que vous aviez trouvé.

Tout comme les aveugles qui ne pouvaient se mettre d'accord sur la forme de l'éléphant, nous avons chacun notre propre expérience du zen.

Une grande part de religion ne cherche qu'à s'abriter de la vie et à élever des murs pour s'en protéger. Abattez ces murs et allez donc vous promener.

Un nouveau maître entra et réarrangea les coussins dans la salle de méditation. Les élèves protestaient à hauts cris. Idiot de maître, imbéciles d'élèves ! Le zen, c'est plus que des coussins.

Ne consacrez pas votre vie à des choses futiles. Tout peut être zen, mais seulement si vous l'appréhendez d'une manière zen.

Faire carrière dans le zen, c'est gâcher sa vie. Ne passez pas plus de temps que nécessaire à enseigner. Et quand vous aurez fini, taisez-vous !

Si vous vous débattez contre l'envie, la colère ou le désir, vous leur permettez de vous perturber. Vous les laissez troubler votre pensée. Laissez vos pensées s'écouler librement. Libérez-les.

Faites confiance à votre esprit. Nul besoin de l'accompagner partout pour vous assurer qu'il se conduit bien.

Je n'ai jamais rencontré de gens mauvais, mais beaucoup de sots et de faibles. Les conséquences de ces défauts peuvent être dramatiques. Lorsque vous êtes au fond du trou, arrêtez de creuser !

Ceux qui se fourvoient s'emberlificotent dans leur vie comme un chaton dans une écheveau de laine. Évitez ces sacs de nœuds à tout prix !

Vendez votre intelligence et adoptez la perplexité ; L'intelligence n'est qu'une opinion, la confusion une intuition.

Jalal-udin Rumi

Un ami me disait qu'un jour, les chercheurs auront compris ce qui génère « l'état mental » zen et pourront en faire une pilule. C'est ça, et ils feront aussi une pilule pour que les poules aient des dents.

Parfois, Satori survient après une période d'effort intense. Très bien, mais il ne sera pas pour autant parvenu à maturité. Mieux vaut prendre son temps. Que faire de fruits verts ?

Si vous abordez le zen avec l'idée d'en tirer profit, vous n'y comprendrez jamais rien. Il n'y a rien à gagner que vous n'ayez déjà.

Comprendre que l'illumination n'est pas l'ultime raison d'être du zen est l'étape la plus importante vers l'illumination.

Les maîtres anciens parlaient du zen en termes d'effort soutenu, mais on se laisse plutôt aller au zen.

Le zen demande un état de relaxation bien particulier. En général, lorsque vous êtes suffisamment détendu, vous vous endormez. Dans le zen, vous devez apprendre à vous détendre tout en restant vigilant.

Le zen peut ressembler à un jeu de cache-cache. Lorsque vous vous trouvez, vous poussez un cri de joie.

Votre moi secret, craintif et empli de désir, est aussi profond que l'océan. Imaginez que le zen est une teinture qui le colore petit à petit. Il faut du temps pour toucher le fond.

La foi fait l'homme. Il est ce qu'il croit

Bhagavad Gita

Dans le zen, nul besoin de vous repentir, d'implorer le pardon, ou de promettre une conversion. Tout ce que vous avez à faire, c'est vous débarrasser de votre faux « moi » pour trouver le vrai juste en dessous.

Mes enfants se moquent de mon grand âge. Je riposte en disant que je n'ai commencé à mûrir qu'à partir de la cinquantaine. Mais se sentir zen, c'est ça.

Autrefois, chaque jour ressemblait plus ou moins au suivant. À présent, chaque jour est une nouvelle aventure.

J'aime cuisiner. Je n'ai jamais compris ces vieilles dames qui gardaient secrètes leurs bonnes recettes. Quand j'en ai une bonne, je vous l'offre bien volontiers. Partager, c'est la moitié du plaisir. Partager le zen, c'est pareil.

Il n'y aucune raison pour que le monde ne soit pas un endroit merveilleux à vivre. Mais il ne sert à rien d'essayer de tenter de le modeler à notre guise. C'est nous qui n'allons pas, pas le monde.

Un collègue me disait un jour qu'il trouvait ces religions orientales qui prêchent l'harmonie avec l'univers étaient très sympathiques, mais que la vraie bonne idée serait de changer le monde. L'a-t-il fait ? Bien sûr que non.

Les progrès de la médecine, des transports, de l'informatique… tout ça est très bien, mais passe un peu à côté de l'idée. Si j'atteins les cent ans avec un corps de trentenaire, mais sans me réaliser au travers du zen, j'aurai perdu mon temps.

Nous fabriquons des traitements médicaux et la peste, des ordinateurs et des bombes, des moyens de transport et des missiles. Les gens sont ainsi, il ne peuvent pas s'empêcher d'être malins, quel qu'en soit le coût.

Apprendre à aimer son ennemi a toujours eu l'air ridiculement idéaliste, mais c'est faux. Vos ennemis sont un reflet de vous-même au travers d'un miroir déformant. L'expérience peut être enrichissante.

La destruction fait bien sûr partie de l'équation. Pas de naissance sans mort, pas de croissance sans déclin. Mais arrêtons de faire n'importe quoi. Nous effacer totalement de la surface de la planète serait un sacré gâchis.

L'on dit : « Mieux vaut un diable familier qu'un démon inconnu » et on a bien raison. Les diables font de bons enseignants. Une fois que l'on sait comment fonctionne le mal – ce qui n'est pas toujours aussi évident que ça en a l'air –, on sait ce qu'il faut fuir.

Chaque fois que je m'installe pour écrire sur le zen, mon esprit se vide. Je ne sais absolument pas quoi dire. Mais il me faut cent idées. Et hop ! Cent idées se matérialisent.

On me dit que le zen n'existe que dans mon esprit. Évidemment ! Dans l'esprit de qui d'autre sinon ?

Le fait que l'on ne puisse ni voir, ni palper, ni goûter le zen, ne l'empêche pas d'exister. Sa puissance est immense mais, à l'instar de la mer, il ne dévoile que rarement sa force, et préfère garder le silence.

Autrefois, je détestais les dimanches. Ils me rappelaient mon enfance en Écosse, le genre de jour où on allait à l'église dans nos plus beaux atours. Puis j'ai réalisé que dimanche n'existe pas, que ce n'est que l'idée qu'on s'en fait, alors je l'ai évacuée.

Dissocier les choses et les gens des idées qu'on s'en fait est chose difficile. Mais il est important de faire tomber les masques. Si vous confondez les idées et la réalité vous vous attirerez des ennuis, mais dès lors que vous savez reconnaître un masque, il devient un simple accessoire de théâtre.

Les gens sont heureux de se débarrasser des idées néfastes comme la souffrance, la peine ou la colère. Mais ils s'accrochent aux idées « positives » comme l'amour, la confiance, la loyauté et l'honnêteté. Finalement, toutes ces idées ne font qu'encombrer vos pensées de grumeaux. Les grumeaux dans la tête, c'est aussi désagréable que dans la purée.

Vous souvenez-vous de la fille dans le conte de fées ? Chaque fois qu'elle ouvrait la bouche, un crapaud ou un serpent en sortait. Peut-être essayait-elle faire des sermons sur le zen.

Les irlandais ont une expression charmante. Ils disent : « Autant essayer de rassembler des souris à un carrefour. » C'est très zen.

Un jour à la télé, ils ont montré un moine zen approchant son maître. Quand celui-ci lui demanda la réponse à un koan, il essaya de gronder comme un lion. Mon père, ce traditionaliste, eut un grognement de dérision. C'est vrai qu'il avait l'air ridicule : ce n'était pas la bonne réponse.

Dans le zen, ce n'est pas tout d'avoir la langue bien pendue. Que vous soyez intarissable ne veut pas dire que vous trouverez les mots justes. Ceux-ci, vous devez les savoir d'instinct.

Mon ami quitta l'école et commença à creuser un trou. Au début, ce n'était qu'un trou, mais au fur et à mesure qu'il s'enfonçait dans le sol, il se mit à en tirer fierté. À partir du moment où on le perdit de vue, c'était devenu son trou, et malheur à quiconque oserait le dénigrer. Cela fait des années qu'on ne l'a plus vu.

Je vais aller faire un tour dans le jardin. Vous pensez que je me moque de vous et qu'à présent il n'y aura plus que 999 chemins dans ce livre ? Si c'est ce que vous pensez, alors vous n'en avez compris aucun.

Un ami me demandait, « Dans ton zen, où va-t-on quand on meurt ? » Il n'y a nulle part où aller.

Un ami musulman disait : « Dans ma religion, il faut faire les ablutions rituelles avant de prier. » Dans le zen, on ne se salit jamais.

Pourquoi écrire des livres sur le zen alors que par lui-même il en dit déjà des tonnes ?

Donnez-leur la plus petite chance, et les gens repartiront avec une idée fausse sur le zen.

On a tenté de mesurer les ondes d'activité cérébrale de moines zen en méditation. Quoi de plus vain ?

Si vous traversiez la foule à un match de foot, auriez-vous un doute sur l'équipe qu'on encourage ? Pourtant, les gens peuvent écouter parler du zen pendant des heures sans savoir ce qui se raconte.

Il est parfois tentant de parler simplement du zen, mais vous devez réfréner cette pulsion. Cela ne ferait que compliquer les choses un peu plus.

Un ami se moquait du mantra Bouddhiste « Om mani padme hum. » « Tu ne crois quand même pas que ces bêtises marchent ? » Évidemment que ça marche, mais pas mieux que « Turlututu » ou « J'aime les tartes de Mme Wagner. » L'important dans un mantra, ce n'est pas ce que l'on dit, mais combien de temps on le répète.

Les théistes veulent bien faire, mais ils se tiennent toujours dans la lumière et projettent d'étranges ombres sur les murs.

Cela fait 2 500 ans que Bouddha est mort et les gens continuent à lui réclamer sans cesse des faveurs, lui demandent de résoudre tous leurs problèmes. N'ont-ils donc rien écouté ?

Des amis m'ont emmené voir l'une des empreintes de pied de Bouddha. Elle faisait quelques mètres de long et tous ses orteils avaient la même longueur. Ils étaient persuadés de son authenticité.

Je n’ai pas envie de débattre de la science. Je suis juste agacé par ces gens à qui il faut absolument une explication « rationnelle ». N’importe quoi peut faire l’affaire, même des idioties, pourvu que l’on puisse le faire passer pour « rationnel ».

J’aime aussi beaucoup ceux qui disent : « La vie n’a pas pu évoluer sur ce bout de rocher, elle doit provenir d’une comète que passait par là, ou peut-être d’une autre planète. » Pourquoi un autre bout de rocher ou de glace serait-il plus plausible que cette terre ?

J'adore les gens qui insistent : « L'homme n'est rien qu'un animal. » Qu'est-ce que ça veut dire ? Le fait qu'on soit sorti de l'eau ne veut pas dire qu'on ne peut pas tendre vers les étoiles !

La vie est le plus grand des miracles dont nous puissions faire l'expérience. Ce serait tellement dommage d'en rater une partie en restant caché sous les couvertures.

À ma grande surprise, la première fois que j'ai vu le mot zen, j'ai su qu'il m'était destiné. Peut-être que j'ai juste aimé ce mot, mais je ne crois pas. Ce fut comme un coup de foudre et depuis, je suis resté fidèle.

Un collègue me disait un jour : « Cet engouement pour le zen aura une fin, et tu seras obligé de trouver un autre sujet pour tes livres. » Engouement ? Le zen, même sous sa forme actuelle, dure depuis plusieurs siècles, alors si quelques personnes s'en désintéressent, ce n'est pas ça qui va le faire disparaître.

Le monde sépare les choses en petits morceaux : ceci et cela, ici et là, bien et mal. Le zen, tel un énorme serpent, ne fait qu'une seule bouchée de sa nourriture.

Puis-je expliquer l'Ami à quelqu'un qui n'a pas d'amitié pour lui ?

Jalal-uddin Rumi

Gardez votre chambre simple et vide. N'encombrez pas l'espace.

Faites ce que vous avez à faire sans chichis. Cela suffit.

Si vous n'êtes pas absolument convaincu que l'esprit est Bouddha, et si vous êtes attaché à la forme, à la pratique et aux bonnes actions, votre façon de penser est erronée, et incompatible avec la Voie.

Huang Po

Lorsque vous ne respirerez plus rien d'autre que le zen pur, vous le saurez.

Si vous êtes violemment ballotté ici et là, entre goût et animosité, comment trouverez-vous la Voie ?

Connaissez-vous l'histoire de l'homme qui passait son temps à se taper la tête contre les murs ? C'était si bon quand il arrêtait…

**De même que les Hommes sont,
Dieu leur semblera être.**

John Smith, Le Platonicien

On dit que même après que Bouddha eut atteint l'illumination, certains le moquèrent et le critiquèrent. C'est typique. Si vous vous intéressez au zen, préparez-vous à subir la critique.

N'importe quel pou dans sa nature divine est plus noble que le plus haut des anges dans sa propre nature.

Maître Eckhart

Toutes ces histoires de Dieu et de Bouddha sont très fatigantes. Contentez-vous de respirer profondément.

L'Histoire, c'est plus ou moins de la blague.

Imaginez le vaste océan. Choisissez une vague, baptisez-la, regardez-la grandir et s'épanouir, pleurez sa mort. Cela vous paraît stupide ?

Pourquoi ne pas suivre le chemin ? C'est une belle vie pour une balade.

Dès que vous aurez goûté le zen, ne serait-ce que du bout des lèvres, vous ne pourrez plus vous arrêter avant d'avoir tout mangé.

Vous n'arrivez pas à trouver le zen ? Quand y avez-vous goûté pour la dernière fois ?

Tout comme vos clés de voiture, le zen est toujours dans le dernier endroit où vous pensiez le trouver.

Asseyez-vous et laissez vagabonder votre esprit. Ne l'embêtez pas, mais laissez le tranquillement s'apaiser de lui-même. C'était si difficile ?

Tous ces Bouddhas et patriarches…
J'ai du mal à contenir l'épée dans
ma main !

Si Bouddha frappe à votre porte, donnez-lui de quoi se payer un café et dites-lui de passer son chemin.

L'illumination n'est pas un état. Le Bouddha ne l'a pas atteint. Les êtres sensibles n'en manquent pas. On ne peut l'atteindre avec le corps, ni la rechercher avec son esprit. Tous les êtres sensibles ne font qu'un avec l'illumination.

Huang-po

Jetez vos livres, oubliez votre intelligence et regardez, goûtez, sentez, écoutez. Ce monde n'a que faire des théories.

Les gens aiment tirer des traits. Ils jettent un filet par-dessus le monde pour mesurer latitude et longitude. Mais le monde est glissant, il se dérobe et ne veut pas être mesuré.

Une grenouille sur un nénuphar en sait plus sur la méditation que la plupart des élèves zen.

« J'ai construit de nombreux temples et monastères, dit l'empereur à Daruma. J'ai copié les livres sacrés de Bouddha et entretenu beaucoup de moines et de nonnes. Quel est mon mérite ? » « Aucun », fut la réponse.

Ce que nous appelons le mal n'est que l'ignorance qui se cogne la tête dans le noir.

Henry Ford

L'homme idéal, imperturbable et
serein, ne cultive aucune vertu ;
Empli de sang-froid et impartial, il
ne commet aucun crime ;
Calme et silencieux, il renonce à la
vue et à l'ouie ;
Équilibré et probe, son esprit ne
connaît pas de demeure.

Hui-neng

Parfois, les anciens maîtres disaient : « Si vous n'atteignez pas l'illumination, vous feriez mieux de vous tuer. » Évidemment, ça marchait, mais quel genre d'illumination est-ce là ?

Dans notre vie nous ne voyons qu'en surface, mais le zen est le dedans de toute chose.

Rien ne dure, tout change. Le zen, lui, est immuable. N'essayez pas de saisir les choses ou les gens, mais cherchez le zen qui est déjà en vous.

Méfiez-vous des états de conscience modifiés. Ils peuvent être merveilleux, mais ils ne sont pas zen. Trouver le zen, c'est comme voir votre visage dans un miroir.

La terre que nous foulons
a pour nom Lotus Pur,
Et notre corps est le corps
même de Bouddha.

Hakuin

Vous travaillez zen, jouez zen, mangez zen, buvez zen, faites l'amour zen, et mourez zen. Qu'y a-t-il de plus ?

Maintenant, jetez ce livre aux orties et trouvez votre propre zen. Je vous ai prêté le mien suffisamment longtemps.

Traduction : Marianne Bertrand

22, rue Huyghens
75014 Paris
www.albin-michel.fr

ISBN : 2 226 15774 3
N° d'édition : 13139
Dépôt légal : 1er semestre 2005

Imprimé et relié en Chine